Über dieses Buch Im Süden Rußlands, in den Steppen, lebt ein kleines Volk, die Kalmücken. Wenn man auf der Karte die Kalmückische Republik findet, erkennt man ein Pferd, das sich auf die Hinterbeine stellt.
Die Kalmücken sind das einzige Volk in Europa, das sich zum Buddhismus bekennt und auch die einzigen Vertreter mongolischsprachiger Völker in Europa.
Die geschichtlichen Quellen des kalmückischen Volkes reichen bis in das zweite Jahrhundert; seinerzeit spielten die Oiraten, die Vorfahren der Kalmücken, eine bedeutende Rolle in der Geschichte der Völker Ost- und Zentralasiens.
1943 wurden die Kalmücken von Stalin nach Sibirien verbannt, die Überlebenden konnten erst nach dem XX. Parteitag im Jahr 1957 zurückkehren.
Die kalmückischen Märchen sind geprägt von der Lebensweise dieses Steppen- und Nomandenvolkes: Sie erzählen vom Wohlstand und Frieden, von Helden, die in verhängnisvollen Stunden zu Hilfe eilen, von einem Leben, das zum Ideal erhoben wurde.
Im Nachwort erläutert die Herausgeberin – eine Kalmückin – die vielfältigen Einflüsse auf die Märchen. Die Texte sind eigens für diese Sammlung übersetzt worden.

Die Herausgeberin Jelena Dshambinowa-Wille, 1950 in Sibirien geboren, wohin ihre Eltern 1943 verbannt worden waren. Nach dem XX. Parteitag 1957 kehrte die Familie in die Heimat zurück. Studium an der Kalmückischen Staatlichen Universität in Elista. Dann Aspirantur am ›Institut für Weltliteratur‹ in Moskau, 1988 Promotion über das kalmückische Märchen an der Humboldt-Universität in Berlin. Die Herausgeberin lebt mit ihrem Mann als Übersetzerin in Berlin.

Märchen der Kalmücken

Herausgegeben
und übersetzt von
Jelena Dshambinowa

Fischer
Taschenbuch
Verlag

Märchen der Welt
Lektorat: Monika A. Weißenberger

Originalausgabe
Veröffentlicht im Fischer Taschenbuch Verlag GmbH,
Frankfurt am Main, September 1993

Umschlaggestaltung: Thomas & Thomas Design, Heidesheim
Satz: Fotosatz Otto Gutfreund GmbH, Darmstadt
Druck und Bindung: Clausen & Bosse, Leck
Printed in Germany
ISBN 3-596-11676-7

Gedruckt auf chlor- und säurefreiem Papier

Für meine Großmutter Zagan-Chalga
und für meine Mutter Kischa Dshambinowa,
die beide schon lange
in der kalmückischen Steppe ruhen.

Inhalt

Bogdan Kölsh und Budgir Mergen

Vor vielen, vielen Jahren packten die Menschen aus einem Choton ihre Habe, trieben das Vieh zusammen und zogen zu einem anderen Ort. Und nur ein Junge und ein Mädchen blieben zurück. Man ließ auch ein Fohlen zurück, welches im Schlamm steckengeblieben war. Das Mädchen lief umher und traf den Jungen. »Was machen wir jetzt und wo gehen wir hin?«, überlegten die beiden. Dann hielten sie sich einander die Hände und wurden Bruder und Schwester. Und sie gingen fort. Der Junge und das Mädchen kamen zu einem Fluß. Sie sahen ein Fohlen, das im Schlamm schon fast versunken war, nur seine Ohren ragten noch heraus. Der Junge und das Mädchen holten das Fohlen aus dem Schlamm und wuschen es im Wasser. Zu dritt machten sie sich auf den Weg.

Das Mädchen sagte zum Jungen: »Du hast keinen Namen und ich auch nicht. Wir müssen uns Namen aussuchen.« Der Junge fragte: »Und was für einen Namen willst du haben?« »Ich werde mich Bogdan Kölsh, die Heilige Wärme, nennen. Und dein Name wird Budgir Mergen, der Mutige Mergen, sein«, entschied das Mädchen. Sie fanden eine alte verlassene Jurte, brachten sie in Ordnung und lebten darin.

Eines Tages sagte der Junge: »Wir haben nichts mehr zu essen. Ich gehe auf die Jagd.« Er sattelte das Pferd und galoppierte fort. Die Schwester blieb allein zu Hause. Der Bruder war kaum weg, als sich die Tür der Jurte öffnete und ein riesiger schwarzer Mus eintrat. »Ist dein Bruder zu Hause?« fragte er das Mädchen. »Nein«, antwortete die Schwester, »er ist auf die Jagd gegangen.«

»Morgen soll er zu Hause bleiben, weil ich zur heißen Mittagszeit kommen und dich abholen werde. Vergiß nicht, das deinem Bruder mitzuteilen«, sagte der Mus und ging weg.

Als der Bruder von der Jagd zurückkam, erzählte ihm das Mädchen weinend alles. »Weine nicht«, beruhigte der Junge seine Schwester. »Morgen werde ich dich als Junge verkleiden und fortschicken. Und ich bleibe zu Hause.«

»Nein«, sagte das Mädchen, »ich bleibe hier. Wenn ich sterben soll, dann sterbe ich.« Aber damit war der Bruder nicht einverstanden. Am nächsten Tag ließ er seine Schwester Männerkleider anziehen, setzte sie auf das Pferd und schickte sie fort. Der schwarze Mus kam und tötete den Bruder.

Lange war das Mädchen unterwegs. Die Nacht kam. An einem Fluß mit klarem und kaltem Wasser ließ es das Pferd im grünen Gras weiden. Und selbst legte es sich hin und schlief ein.

Am nächsten Morgen kamen zwei Männer vorbei und sahen das schlafende Mädchen. »Was für ein schöner Junge! Oder ist das ein Mädchen?« sagte der eine. »Das muß ein Mädchen sein«, sagte der zweite Mann, »sieh dir mal die Finger an, wie zart und weiß sie sind!« Und so gingen sie zweifelnd weiter: Sie waren zu einem Fest eingeladen. Das Mädchen wachte auf, wusch sich, trank Tee, setzte sich auf das Pferd und machte sich weiter auf den Weg.

Aber die zwei Männer kehrten zurück und holten das Mädchen ein. »Junge, wo gehst du hin?« fragten die beiden das Mädchen. »Vor einiger Zeit habe ich gehört, daß hier zwei Sajsangen leben, einer auf der rechten Seite des Flusses und der andere auf der linken Seite. Und zu einem von denen gehe ich«, antwortete das Mädchen. »Ich bin der

Sohn des Sajsangs von der rechten Seite«, rief einer der Männer. »Und ich bin der Sohn des Sajsangs von der linken Seite«, fügte der zweite hinzu.
Im Lande der Sajsangen gab es eine Hochzeit. Die beiden Männer beschlossen, das Mädchen mitzunehmen, um herauszufinden, ob es ein Junge oder ein Mädchen wäre. Und das Mädchen ging mit.
Sie kamen in das Land. Vor der Jurte, wo die Hochzeit war, banden sie ihre Pferde an und gingen in die Jurte hinein. Und sie sahen auf der rechten Seite die Mädchen und auf der linken Seite die Jungen sitzen. Die Braut stand auf und singend überreichte sie jedem der drei Männer eine Schale mit Wein. »Such dir ein Mädchen aus!« sagten die zwei Männer zu dem Mädchen. Bogdan Kölsh, die Heilige Wärme, sah sich alle vor ihr sitzenden Mädchen an. Zwei von ihnen gefielen ihr sehr. Die eine war die Tochter des Mondes und hieß Sahl-uga, das andere Mädchen war die Tochter der Sonne und hieß Nahl-uga. Beide konnten wunderschöne seidene Fäden spinnen. »Ich nehme diese zwei Mädchen zu Frauen«, sagte Bogdan Kölsh. Es wurde eine große Hochzeit gefeiert und Bogdan Kölsh lebte mit zwei Frauen.
Einige Zeit später sagte Bogdan Kölsh zu den Frauen: »Ich muß in mein Land zurück und ihr beide kommt mit.« Und sie machten sich auf den Weg. Unterwegs sagte Bogdan Kölsh zu den Frauen: »Ich reite fort, und ihr beide kommt hinter mir her, ohne daß ihr euch eilt.« Sie gab dem Pferd die Sporen und bald war sie zu Hause. Sie sah ihren toten Bruder und weinte bitterlich. Dann wusch sie ihr Gesicht, sah dabei nach oben und entdeckte ein Stück Papier, das an der Tür versteckt worden war. Sie nahm das Papier und las: »Irgendwann wirst du nach Hause zurückkommen. Du sollst wissen, daß mich der schwarze Mus getötet hat.« Das Mädchen schrieb einen Brief: »Ich habe für dich, mein Bruder, zwei Frauen mitgebracht. Sie werden dich wieder

lebendig machen. Und ich verwandle mich in einen grauen Hasen.«
Einige Zeit später kamen die zwei Frauen. Sie sahen den toten Mann und beweinten ihn. Dann schüttelte die Tochter des Mondes, Sahl-uga, dreimal ihre Ärmel, trat dreimal über den Toten und sagte dabei: »Es sind die Himmelsgötter, nicht ich, die über dich treten!« Und die Tochter der Sonne, Nahl-uga, schüttelte auch ihre Ärmel, trat dreimal über den Toten und sagte: »Das bin nicht ich, die über dich tritt, es sind die Himmelsgötter!« Der Junge wurde lebendig und stand auf. Erstaunt sah er die beiden Frauen an.
»Geht Euch waschen«, sagten die Frauen zu ihm. Der Junge ging sich waschen und fand dabei den Brief seiner Schwester. Er las den Brief und sagte zu den Frauen: »Ich gehe auf die Jagd und ihr bleibt zu Hause.« Er sprang in den Sattel und ritt fort, um seine Schwester zu suchen.
Er sah viele Hasen vor sich. »Welcher von denen kann meine Schwester sein?« überlegte der Junge. Plötzlich sah er einen Hasen, der beim Laufen immerzu seinen Kopf umdrehte. Der Junge fing den Hasen und nahm ihn in die Hände. Der Hase schrie. Der Junge umarmte den Hasen und weinte dabei: »Um mich zu retten, hast du dich in einen Hasen verwandelt, meine Schwester Bogdan Kölsh!« So weinte er und drückte den Hasen an sich. Und Bogdan Kölsh nahm wieder ihre Gestalt an. Der Bruder sagte zu seiner Schwester: »Ich werde dich nach Hause mitnehmen, aber verwandle dich wieder in einen Hasen. Meine Frauen müssen dich nicht wiedererkennen.«
Budgir Mergen brachte den Hasen nach Hause und sagte zu seinen Frauen: »Schlagt den Hasen nicht! Laßt ihn spielen, er ist so klein!« Die beiden Frauen saßen da und spannen seidene Fäden.
Budgir Mergen ging auf die Jagd. Der Hase lief spielend hin und her und zerriß dabei einen seidenen Faden von Sahl-uga, der Tochter des Mondes. Die Frau schlug den

Hasen und brach ihm dabei eines seiner Beine. Der Hase versteckte sich in einer Ecke und krümmte sich vor Angst und Schmerzen. Als Budgir Mergen, der Bruder, von der Jagd zurück nach Hause kam, sah er den Hasen, der voller Schrecken in der Ecke saß. Er nahm den Hasen in die Hände und streichelte ihn. Dabei merkte er, daß eine Pfote gebrochen war. Ohne ein Wort zu sagen, umarmte Budgir Mergen den Hasen und ging mit ihm fort. Aber Sahl-uga, die Tochter des Mondes, band ein Garnknäuel an den Rock von Budgir Mergens Kleid, ohne daß er es bemerkte. Der Faden fiel herunter und hinterließ eine Spur. Die beiden Frauen sprangen in den Sattel und ritten hinterher.
Budgir Mergen kam in den Buwagin-Wald und baute dort ein kleines Haus für seine Schwester. Die beiden Frauen versteckten sich hinter der Tür. Sie hörten, wie Budgir Mergen sagte: »Ich gehe auf die Jagd. Laß niemanden herein!« So sprach der Bruder und ging zur Jagd. Als er weg war, klopften die Frauen an die Tür und riefen: »Mach auf!« Das Mädchen fragte: »Wer ist da?«
»Ich«, war die Antwort. »Wer seid Ihr?« fragte Bogdan Kölsh, die ihre eigene Gestalt angenommen hatte. »Wovor hast du Angst? Mach die Tür auf!« riefen die Frauen erneut. »Aber mein Bruder befahl mir, niemandem die Tür zu öffnen. Und ich gehorche seinem Befehl«, antwortete das Mädchen. Aber die Frauen ließen Bogdan Kölsh nicht in Ruhe und baten so lange, bis das Mädchen die Tür aufmachte. Die Frauen sahen Bogdan Kölsh und dachten: »Unser Mann hat so eine schöne Schwester. Warum versteckt er sie vor uns?« Und die beiden Frauen beschlossen, das Mädchen zu töten. »Laß uns deine Haare kämmen«, sagten sie freundlich zu Bogdan Kölsh. Sie kämmten ihre Haare und stachen dabei eine große Nadel in den Kopf hinein. Das Mädchen starb auf der Stelle.
Am späten Abend kehrte Budgir Mergen von der Jagd zurück. Er betrat das Haus und fand seine tote Schwester. Er

setzte sich am Kopf der Bogdan Kölsh hin und weinte lange. Weinend ging er hinaus und holte eine große Schatulle. Am nächsten Tag, bevor er zur Jagd ging, legte Budgir Mergen seine tote Schwester in die Schatulle und versteckte sie im Steppengras auf der südlichen Seite vom Buwagin-Wald. »Du bist tot, aber wenn ich zur Jagd gehe, dann kann ich dich immer wieder sehen«, dachte dabei der Bruder.

In einem Ort des Landes lebten ein alter Mann und seine alte Frau. Sie hatten eine kleine Tochter. Einmal war die Tochter auf der Suche nach einem verlorengegangenen Kalb. Dabei kam sie zur südlichen Seite des Buwagin-Waldes und fand plötzlich die versteckte Schatulle. Das Mädchen hob die Schatulle auf. Aber sie war sehr schwer und das Mädchen konnte sie kaum nach Hause bringen. »Vater, Mutter«, rief es, »seht, was ich mitgebracht habe! Die Schatulle muß voll von Gold und Silber sein!«

Der Alte machte die Schatulle auf und sah das tote Mädchen. »Sieh mal, was du gebracht hast!« schrie wütend der Vater. »Geh und bring das zurück!« Die Tochter streichelte den Kopf des toten Mädchens und sah plötzlich die Nadel, als diese im Sonnenlicht aufblitzte. Das Mädchen zog die Nadel heraus und – die Tote stand lebend auf. Der Alte und seine Frau freuten sich und nahmen sie als Tochter auf. Und so lebten sie.

Inzwischen kehrte der Bruder von der Jagd zurück und wollte seine tote Schwester sehen. Aber die Schatulle war weg. »Wer konnte sie mitnehmen?« dachte er voller Sorgen. Und er ging auf die Suche nach seiner toten Schwester.

Bogdan Kölsh, die jetzt einen Vater, eine Mutter und eine kleine Schwester hatte, lebte glücklich. Die Zeit verging. Bogdan Kölsh heiratete einen Sohn des Khans. Aber vor der Hochzeit sagte sie zu ihren Eltern: »Ich habe noch einen Bruder. Budgir Mergen ist sein Name. Und ich heiße Bogdan Kölsh.«

Einige Zeit später brachte Bogdan Kölsh einen Jungen zur Welt. Die Gäste kamen. Bogdan Kölsh brachte den Jungen ihrer alten Mutter, damit sie auf das Kind aufpaßte. Die alte Frau wiegte das Kind und sang dabei ein Lied, das von einem Mädchen mit dem Namen Bogdan Kölsh, von ihrem Bruder Budgir Mergen, vom Buwagin-Wald und von einer Schatulle, die einmal im Steppengras gefunden wurde, erzählte.

Draußen war ein heißer Sommertag und die Tür war offen. Der Bruder, der schon lange Zeit auf der Suche nach seiner toten Schwester war, hörte plötzlich das Lied. Er ging zu der Jurte und blieb stehen. Seine Augen waren voller Tränen. Er ging in die Jurte hinein und sagte zu der alten Frau: »Was für ein schönes Lied habt Ihr gesungen! Singt es bitte noch einmal!« Die Alte sang das Lied noch einmal. Da kam die kleine Tochter der Alten und sagte: »Die ältere Schwester schickt mich, um das Fleischmesser zu holen.«

»Na, hol es doch«, sagte die Mutter. Aber das Mädchen blieb stehen und starrte den fremden Mann an. Die Alte wurde zornig: »Man darf fremde Menschen nicht so anstarren!« sagte sie zu ihrer Tochter. »Nimm das Messer und geh weg!«

Als das Mädchen mit dem Messer zurückkam, fragte die ältere Schwester: »Weint der Junge? War jemand bei uns?« Und das Mädchen antwortete: »Der Junge weint nicht. Und bei uns sitzt ein schöner Mann.«

Als die Schwester das hörte, lief sie schnell zu ihrer Mutter. Von der Tür aus sah sie den fremden Mann und erkannte ihren Bruder. Sie weinte vor Freude und umarmte ihn. Dann nahm sie die Alte, den Jungen und ihren Bruder mit und ging nach Hause. Sie lud alle Menschen des Ortes ein und es wurde ein großes Fest gefeiert. Und sie alle lebten lange und glücklich.

Die Schulmus-Frau Dshidsh-Laram

Es war vor vielen, vielen Jahren. Im Lande eines Khans lebten die Menschen sehr gut und sehr glücklich. Nicht weit weg von diesem Land lebten neunundneunzig Schulmusen-Schwestern. Sie waren sehr neidisch auf das Leben der Menschen. Und eines Tages versammelten sie sich, um eine Hexe auszuwählen und sie ins Land des Khans zu schicken, damit sie dort Schaden anrichten sollte. Aber sie konnten sich nicht entscheiden, wer von ihnen diese Aufgabe erfüllen könnte. »Du kannst das nicht und du kannst das auch nicht! Ich kann das nicht und ich kann das auch nicht!« So stritten sie miteinander. Während des Streites sagte plötzlich das kleine Schulmus-Mädchen Dshidsh-Laram: »Ich kann es! Nur müßt ihr mir alle eure ganze Kraft geben, und ich werde dem Khan soviel Böses antun, wie er das in seinem ganzen Leben noch nicht erlebt hat!« Alle Schulmusen-Schwestern waren damit einverstanden und gaben ihre Kräfte der kleinen Dshidsh-Laram. Das kleine Schulmus-Mädchen nahm die Kräfte seiner Schwestern auf und rannte zum Lande des Khans.

Bald war sie dort. Sie sah ein Mädchen, das Kälber nach Hause trieb. Das Mädchen war die Tochter von einem Hirten. Die kleine Hexe tötete das Mädchen und nahm dessen Gestalt an. In Gestalt des getöteten Mädchens kam Dshidsh-Laram, die kleine Schulmus-Hexe, zum Haus des Hirten. »Mutter«, rief sie, »ich habe die Kälber nach Hause gebracht.« So blieb das Schulmus-Mädchen im Lande des Khans. Die Mutter schöpfte keinen Verdacht.

Die Zeit verging. Eines Tages sagte das Mädchen zu seiner

Mutter: »Darf ich gehen und mit den Kindern des Khans spielen?«
»Du willst mit den Kindern des Khans spielen? Nein, bleibe zu Hause«, sagte die alte Frau. Aber das Mädchen ließ die Mutter nicht in Ruhe, bis sie es erlaubte. Und so ging das Schulmus-Mädchen zum Khan, um mit dessen Kindern zu spielen. Es ging einmal, zweimal hin und beim dritten Mal verhexte es die junge Frau des Khans. Kurze Zeit später wurde die Frau des Khans krank und starb bald darauf. Sie hinterließ zwei Kinder, einen Sohn, der hieß Aju-Tschikn, das Bärenohr, und eine Tochter namens Amcha-Zezen, die kluge Amcha. Nach dem Tode seiner Frau suchte der Khan eine neue Frau für sich.
Eines Tages kam er an der Jurte des alten Hirten vorbei und bemerkte plötzlich ein ungewöhnliches Licht, das aus der Jurte kam. Der Khan schaute durch ein Loch hinein. Er sah ein sehr schönes Mädchen auf einem schwarzen Teppich sitzen und ein Seidenkleid nähen. Das Gesicht des Mädchens war schön wie die Morgenröte und strahlte das Licht aus. Der Khan verliebte sich in das Mädchen. Er ging zu dem alten Hirten und sagte, daß er dessen Tochter zur Frau wolle. Aber das Mädchen sagte zum Khan: »Bevor Ihr mich mitnehmen könnt, sollt Ihr von unserem Haus bis zu Eurem Haus zwei Brücken bauen. Eine Brücke aus Gold und die andere aus Silber, damit Ihr über die goldene Brücke zu mir kommen und über die silberne Brücke mich wegbringen könnt.«
Der Khan sah nach hinten und weinte, dann sah er nach vorn und lachte. Er sagte zu dem Mädchen: »Ich kann deinen Wunsch nicht erfüllen.«
»Na, das macht nichts«, antwortete das Schulmus-Mädchen, »ich kann es tun.« Es lief hinaus, klatschte dreimal in die Hände und die zwei Brücken waren fertig: eine Brücke aus Gold und die andere aus Silber. Einige Zeit später kam der Khan über die goldene Brücke, nahm das Mädchen mit

und brachte es über die silberne Brücke nach Hause. Der Khan war sehr glücklich mit seiner schönen Frau. Eines Tages wurde aber die Frau des Khans plötzlich krank. Über dieses Unglück verlor der Khan den Kopf. Ständig fragte er seine Frau: »Sage mir, wo hast du Schmerzen? Sage mir, was du dir wünschst und ich werde dir jeden Wunsch erfüllen!«

Aber die junge schöne Frau des Khans schwieg und weigerte sich, ihre Wünsche zu sagen. Als der Khan sie noch einmal fragte, da sagte sie: »Ich werde nur dann gesund, wenn ich Suppe aus den Lebern und den Herzen deiner Kinder Aju-Tschikn und Amcha-Zezen essen würde.«

Der Khan war verzweifelt und wußte nicht, was er tun sollte. In seinem Ort lebte ein Hellseher. Der Khan ging zu ihm und erzählte von seiner Verzweiflung. Der Hellseher gab ihm einen Rat: »Gib deine Kinder einem deiner Diener!« Sofort kam ein Diener des Khans, nahm die Kinder mit und versteckte sie bei sich zu Hause. Man kochte eine Suppe aus der Leber und dem Herz eines Hundes und der Khan brachte die Suppe seiner kranken Frau. Die aß die Suppe und stand gesund auf.

Einmal ließ der Diener die Kinder aus dem Haus. Sie spielten auf der goldenen Brücke. Die Stiefmutter sah die Kinder und schrie: »Ach, ach! Mir wird plötzlich so schlecht!« Und als ob sie krank wäre, fiel die Frau zu Boden. Wieder sagte sie dem Khan, daß nur eine Suppe aus den Lebern und den Herzen der Kinder sie gesund machen würde. Der Khan ging zu dem Diener und erzählte alles. Der Diener war aber ein Mensch mit einer sehr guten Seele. Er wollte die Kinder nicht töten und sagte ihnen: »Es ist nichts zu machen. Eure Stiefmutter wird keine Ruhe geben, bis sie euch getötet hat. Deshalb könnt ihr nicht bei eurem Vater bleiben. Geht in die Richtung des Sonnenaufgangs. Dort lebt euer Onkel. Er ist ein Bagscha, ein Heiliger. Geht zu ihm.« Er gab den Kindern Essen mit

und sie gingen fort. »Kehrt nie wieder zurück«, sagte der Diener den Kindern. Dann kochte er eine Suppe aus der Leber und dem Herz eines Hundes und brachte sie zum Khan. Die Frau aß die Suppe und wurde gesund.
Der Junge und seine Schwester waren schon sehr lange unterwegs. Die Tage und Nächte vergingen. Die Kinder hatten nichts mehr zu essen. Sie waren müde, hungrig und durstig und konnten nicht mehr weitergehen. Da kam ihnen ihre verstorbene Mutter, die im Himmel lebte, zu Hilfe. Sie gab den Kindern ihre rechte Brust. Aus der Milch ihrer linken Brust machte die Mutter Käse und gab ihn ihren Kindern mit. Bevor die Mutter Abschied nahm, sagte sie dem Sohn und der Tochter: »Nicht weit weg von hier werdet ihr auf zwei Löwen treffen. Sie gehören dem Onkel und beschützen ihn vor bösen Menschen. Ihr beide braucht keine Angst zu haben. Sie tun euch nichts. Seid tapfer und geht. Ich kann euch nicht begleiten, weil ich tot bin und mein Platz im Himmel ist.«
Inzwischen nahm die Schulmus-Frau ihre echte Gestalt an. Sie hatte jetzt Ziegenbeine und einen Kupferschnabel. Sie tötete alles Lebende im Lande des Khans. Diejenigen, die am Leben geblieben waren, versteckten sich in Erdlöchern. In einem riesigen Kessel kochte die Schulmus-Frau die Lebern und die Herzen der getöteten Menschen und aß sie. Sie durchstach dem Khan die Nasenlöcher, band ihn an der Nase fest und fütterte ihn mit dem Fleisch der Menschen. In den Nächten ging sie zu ihm und trank sein Blut. Von dem Reichtum des Khans und dem glücklichen Leben im Lande blieb nichts übrig. Das Land war leer, und das hatte die Schulmus-Frau geschafft.
Aju-Tschikn und seine kleine Schwester Amcha-Zezen waren noch immer unterwegs. Der lange Weg ging nicht zu Ende. Die Kinder waren hungrig und müde. Die kleine Schwester hatte keine Kraft mehr zu gehen. Da kamen den Kindern zwei Löwen entgegen. Sie hoben das Mädchen

auf und brachten es zu seinem Onkel. Der Onkel Bagscha freute sich sehr, weil er seit vielen, vielen Jahren allein war. Er schickte die Löwen los, den Jungen zu bringen. Nach kurzer Zeit wurde auch Aju-Tschikn gebracht.

Die Zeit verging. Die Kinder wuchsen heran. Aber sie hatten sehr große Sehnsucht nach ihrem Vater und ihrem Heimatland. Und als der Junge achtzehn Jahre alt wurde, sagte er zu seinem Onkel: »Ich gehe in mein Land zurück. Ich will sehen, wie es meinem Vater geht.«

»Ach, Aju-Tschikn«, sagte der Onkel, »du bist noch klein und deine Knochen sind noch nicht hart genug. Du schaffst es nicht, die böse Hexe zu besiegen.«

»Nein«, antwortete der Junge, »ich schaffe es, sie zu töten. Onkel, gebt mir bitte Eure Erlaubnis! Und ich brauche noch einen Sack aus einem großen Fell.«

Man machte einen Sack aus einem großen Kuhfell. Der Junge nahm ihn und machte sich auf den Weg. Sein Herz klopfte und seine Seele war rein.

Aju-Tschikn kam in das Land seines Vaters. Die Schulmus-Frau war nicht zu Hause. Sie war auf der Jagd. Zu Hause fand Aju-Tschikn seinen Vater. Der Khan lag auf dem Boden, schwach und voller Angst. Der Sohn begrüßte seinen Vater.

»Oh, Aju-Tschikn, bist du es?« fragte der Khan. »Wie bist du hierhergekommen? Sei vorsichtig, sie wird dich auffressen.«

»Erzählt mir, wie es Euch geht«, sagte der Sohn.

Und der Khan erzählte: »Sie füttert mich mit Menschenfleisch. In der Nacht kommt sie zu mir und trinkt mein Blut. Ich habe keine Kraft mehr.«

»Habt keine Angst«, sagte Aju-Tschikn, »ich töte die Hexe. Ich verwandle mich in einen Wurm und lege mich in eine Ecke.«

»Mach wie du willst«, gab der Vater zur Antwort.

Plötzlich betrat die Schulmus-Frau die Jurte. Mit einem

wie bei einer Toten blauen Gesicht, mit einem kupfernen Schnabel und mit hervorstehenden Augen rannte die Hexe auf ihren Ziegenbeinen in der Jurte herum. Sie warf alles auf den Boden, was sie am Tage getötet hatte. Sie schrie: »Wonach stinkt es hier? Es stinkt nach einem Wurm?«
Aber ihr Mann, der Khan, antwortete: »Wer könnte schon zu uns kommen? Im ganzen Land sind nur du und ich übriggeblieben.«
Die Hexe glaubte ihm. Dann kochte sie das Menschenfleisch, fütterte damit ihren Mann und, heulend, stach sie ihren Schnabel in den Hals ihres Mannes und trank sein Blut. Als die Hexe satt war und einschlief, warf der Junge den Fellsack auf sie, schlug auf ihren Schnabel und tötete sie. Dann zerhackte der Junge die Hexe in kleine Teile und verbrannte sie. Die Asche ließ der Junge vom Steppenwirbelwind wegtragen. Der Junge gab seinem Vater ein Heilmittel, das sein Onkel aus einer Wolke zubereitet hatte. Der Vater erbrach sich so lange, bis er gesund war. Der Junge rief allen Menschen, die am Leben geblieben waren, zu: »Kommt zusammen, Leute! Kehrt wieder ins Land zurück! Ich bin Aju-Tschikn und ich habe die böse Hexe getötet! Ihr braucht keine Angst mehr zu haben!« So rief er, und die Menschen hörten ihn. Sie krochen aus ihren Löchern heraus und kamen in das Land ihres Khans.
Das Leben im Land wurde noch schöner. Und alle lebten glücklich und lange.

Das Mädchen, das einem Jungen ähnelte

Es war vor vielen, vielen Jahren. Da lebten ein Alter und seine Alte. Die beiden hatten eine Tochter. Sie hatten auch eine kleine Pferdeherde. Das Mädchen trug Männerkleider und weidete die Pferde in der Steppe. Nur zu Hause trug es seine Mädchenkleider. Einmal kam das Mädchen nach Hause, band sein Pferd an die rechte Ecke der Jurte an und setzte sich, um Tee zu trinken. Plötzlich hörte es, daß sein gelbgeschecktes Pferd, das groß wie ein Berg war, unruhig wurde. Es schrie und zerriß den Lederriemen. »Mutter, geht und seht nach, ob irgend jemand kommt«, bat das Mädchen. Die Mutter ging hinaus und kam sofort zurück. »Da kommt ein gelber einäugiger Riese«, sagte die Alte.

Das Mädchen rannte aus der Jurte, setzte sich auf das Pferd und rief: »Vater, Mutter, kommt schnell!« Der Alte und seine Alte rannten aus der Jurte. Das Mädchen nahm seine Mutter und setzte sie auf das linke Knie, dann griff es seinen Vater an dessen Zopf und setzte ihn auf sein rechtes Knie. Und so machten sie sich auf die Flucht. Aber der gelbe einäugige Riese verfolgte sie. Plötzlich stolperte das Pferd über einen Stein, das Mädchen erschrak und ließ seine Eltern los. Der gelbe einäugige Riese tötete die beiden Alten.

Das Mädchen kehrte nach Hause zurück, zog seine Männerkleider an, trieb in der Steppe das Vieh zusammen und machte sich auf den Weg. Einige Zeit später erreichte es das Land des Khans. Dort mischte es seine Pferde unter die Herde des Khans und lebte selbst als Pferdehirt unter den Pferdehirten des Khans. Eine Zeitlang lebte es so, aber der Hauptpferdehirt schöpfte Verdacht. »Was für ein Junge, der so einem Mädchen ähnelt«, dachte er und ging zum Khan.

»Bei uns lebt ein Junge, aber er ähnelt sehr einem Mädchen«, erzählte er dem Khan. »Nimm den Jungen mit auf die Jagd und du wirst sehen, ob das ein Junge ist oder ein Mädchen«, sagte der Khan.

Der Hauptpferdehirt kam zurück, holte die anderen Pferdehirten zusammen und sagte: »Wir gehen alle auf die Jagd. Und du kommst auch mit«, sagte er zum Mädchen.

»Gut«, antwortete das Mädchen, »geht, ich komme nach.«

Alle Pferdehirten ritten zur Jagd. Das Mädchen setzte sich auf das Pferd und galoppierte hinterher. Es trieb alle Bergziegen und alle Steppenantilopen zusammen und ließ sie einen schmalen Pfad entlanglaufen. Dann tötete es mit nur einem Pfeil alle Tiere und band die ganze Jagdbeute an seinen Sattel. Und so kehrte es zurück. Die anderen Pferdehirten hatten nur drei Hasen mitgebracht und stritten sich: »Ich habe die Hasen getötet«, sagte einer. »Nein, ich war es«, sagte der andere. Während sich die Pferdehirten stritten, sagte das Mädchen: »Ihr habt drei Hasen mitgebracht, aber ich konnte dank der Ausdauer meines Pferdes meine ganze Jagdbeute mitnehmen.«

»Es muß ein Junge sein«, dachte der Hauptpferdehirt. Und so lebten sie alle weiter.

Einige Zeit später kam der Khan. »Na, ist es ein Mädchen?« fragte er.

»Wer weiß, vielleicht ist es ein Junge, der einem Mädchen ähnelt«, antwortete der Hauptpferdehirt.

Der Khan gab den Rat: »Wenn ihr schwimmen geht, dann nehmt auch den Jungen mit.« Als die Pferdehirten schwimmen gingen, sattelte das Mädchen sein gelb-

geschecktes Pferd, das groß wie ein Berg war, und ritt mit ihnen. Am Wasser zogen die Pferdehirten ihre Kleider aus und gingen alle ins Wasser. Das Mädchen zog seine Stiefel aus, setzte sich ans Ufer und betrachtete seine Unterschenkel. Inzwischen wirbelte das Pferd mit seinen Hufen eine riesige Staubwolke auf. Die Pferdehirten sprangen aus dem Wasser heraus, zogen ihre Kleider an und rannten alle nach Hause. Daraufhin sagte der Khan: »Macht ein Fest, gebt dem Jungen Arrak, macht ihn betrunken und dann sehen wir nach, ob das ein Junge ist oder ein Mädchen.«
Die Pferdehirten bereiteten das Fest vor. Das Mädchen nahm sein Pferd und kam zum Fest. Man kochte zehn Schüsseln Arsa, man kochte zwanzig Schüsseln Chorsa, also man machte ein Gebräu stark wie Gift. Dann füllte man damit eine große gelbe Porzellanschale, die siebzig Männer kaum aufheben konnten, und gab die Schale dem Mädchen. Das Mädchen nahm die Schale. Es tat so, als ob es trinken würde, gab aber unbemerkt das Getränk seinem Pferd. Als alle Pferdehirten betrunken waren und einschliefen, ging das Mädchen, um nach dem Pferd zu sehen. Da sah es: Das betrunkene Pferd schwankte hin und her und war kurz vor dem Umfallen. Das Mädchen ging mit dem Pferd zum Ozean. Dort badete es das Pferd mit viel Zärtlichkeit und Geduld im Wasser, bis das Pferd zu sich kam.
Die Zeit verging. Eines Tages sagte das Pferd zum Mädchen: »Gehe zum Khan und erzähle ihm alles.« Das Mädchen ging zum Khan und erzählte ihm alles: »Ich hatte alte Eltern. Einmal kam ein gelber einäugiger Riese und tötete sie. Seitdem lebte ich unter Euren Pferdehirten. Ich bin kein Junge, ich bin ein Mädchen.«
Der Khan bat das Mädchen, seine Frau zu werden. Und so wurde das Mädchen die Frau des Khans. Der Khan hatte fünfhundert Frauen und alle waren sie Schulmusen-

Hexen. Als das Mädchen seine Frau wurde, jagte der Khan seine fünfhundert Schulmusen-Frauen weg in eine Berghöhle. Danach lebten der Khan und seine junge Frau glücklich.

Eines Tages mußte der Khan in den Kampf ziehen. Er ging zu seinem Pferdehirten, um sich ein Pferd auszusuchen. Der Khan wählte ein zweijähriges Fohlen aus, aber der Pferdehirt sagte: »Nein, Ihr bekommt das Fohlen nicht, bevor Ihr Eure Frau nicht gefragt habt. Das wäre sonst ein schlechtes Omen. Geht zu Eurer Frau und fragt sie.«

Der Khan kam nach Hause und sagte zu seiner Frau: »Gib mir dein gelbgeschecktes Pferd, das so groß wie ein Berg ist!« Aber die Frau weigerte sich. Der Khan ließ seine Frau nicht in Ruhe. Da kam das Pferd angelaufen und sagte zur Frau: »Es ist nichts zu machen. Gib mich dem Khan. Nur die Fußfesseln gib nicht mit.« Und die Frau gab das Pferd dem Khan. Der Khan fragte nach den Fußfesseln, aber seine Frau sagte: »Die Fußfesseln bekommst du nicht.« In einem dichten Gebüsch hob die Frau des Khans eine tiefe Grube aus und versteckte dort die Pferdefesseln. So machte sie es und setzte sich danach auf einem Steppenhügel nieder. Inzwischen fand eine alte kupfernasige und ziegenbeinige Schulmus-Hexe die Fußfesseln und gab sie dem Khan. Der Khan nahm die Pferdefesseln, sattelte sein Pferd und machte sich auf den Weg. Die Frau kam nach Hause und lebte weiter.

Nach einiger Zeit brachte die Frau elf Jungen zur Welt. Alle elf Jungen hatten goldene Brustkörbe und silberne Köpfe. Im ganzen Lande des Khans herrschte große Freude. Man schrieb dem Khan einen Brief und schickte ihn mit einem Boten. Und das wurde den fünfhundert Schulmusen-Hexen bekannt.

Einige von ihnen verwandelten sich in Kühe, die anderen melkten die Kühe und machten aus der Milch Käse und Arrak. Der Mann mit dem Brief kam. Einige der Hexen kamen aus der Jurte und nahmen das Pferd, die anderen faßten den Mann unter die Arme und führten ihn in die Jurte. Die Hexen tanzten, sangen Lieder und reichten dem Mann einen Krug Arrak nach dem anderen. Als der Mann betrunken und eingeschlafen war, zogen die Hexen den Brief aus seiner Brusttasche und lasen ihn: »Eure Frau brachte elf Jungen zur Welt. Alle Jungen haben goldene Brustkörbe und silberne Köpfe.« Die Hexen verbrannten den Brief und schrieben einen neuen: »Eure Frau brachte elf schwarze Ungeheuer zur Welt. Sie haben schon die Hälfte Eurer Menschen aufgefressen. Bis zu Eurer Rückkehr werden sie alle Menschen aufgefressen haben.« Dann steckten sie den Brief in die Brusttasche des Mannes.

Am nächsten Tag sattelte der Mann das Pferd und machte sich auf den Weg.

Er kam zum Khan geeilt, verneigte sich tief – bumm! – vor dem Khan, kniete auf dem rechten Knie, zog den Brief aus seiner Brusttasche und überreichte ihn dem Khan. »Eure Frau brachte elf Jungen zur Welt, und sie haben alle goldene Brustkörbe und silberne Köpfe«, sagte dabei der Bote.

Der Khan las den Brief und sagte: »Schön sind deine Worte, aber in dem Brief steht eine schlechte Nachricht.« Und der Khan schrieb die Antwort: »Selbst wenn die elf Ungeheuer sind, so müssen sie doch alle am Leben bleiben, bis ich zurückkomme.« Der Mann ritt mit dem Brief nach Hause. Unterwegs traf er die fünfhundert Schulmusen-Hexen wieder. Die Hexen machten ihn wieder betrunken, nahmen den Brief und verbrannten ihn. Dann schrieben sie einen neuen Brief: »Zehn Jungen ertränkt ihr im Ozean und die Mutter mit dem ältesten Sohn setzt ihr in ein Faß, gebt ihnen für zehntausend Jahre Essen mit und werft das Faß in die Wellen des Ozeans.« So schrieben die Hexen und steckten den Brief in die Brusttasche.

Der Mann wurde wach und macht sich auf den Weg nach

Hause. Er kam in das Land des Khans, übergab den Brief und man las ihn. Und da stand im Brief: »Zehn Jungen ertränkt ihr im Ozean, die Mutter mit dem ältesten Sohn setzt ihr in ein Faß, gebt ihnen für zehntausend Jahre Essen mit und werft das Faß in die Wellen des Ozeans.« Alle Menschen im Land waren entsetzt und weinten sehr. Einige von den Leuten sagten: »Wir müssen es tun!« Die anderen waren nicht damit einverstanden und sagten: »Wir dürfen es nicht tun!« Dann kamen sie zusammen und entschieden: Der Befehl des Khans ist Gesetz und da ist nichts zu machen. Sie warfen die zehn Jungen in den Ozean. Sie setzten die Mutter mit dem ältesten Sohn in ein Faß, gaben ihnen für zehntausend Jahre Essen mit und warfen das Faß in die Wellen des Ozeans. Die zehn Jungen schwommen im Ozean. In einer Bucht kamen sie ans Ufer. Im Faß sagte der älteste Sohn zur Mutter: »Ich zerbreche das Faß.« Und darauf seine Mutter: »Nein, zerbrich das Faß nicht, sonst werden wir im Wasser sitzen!« »Aber ich will ans Ufer!« antwortete der Sohn und stieß mit dem Bein. Das Faß zerbrach und die Mutter und der Sohn standen bis zu den Knien im Wasser. Sie gingen ans Ufer, bauten eine offene Hütte aus Holz und lebten darin.

Inzwischen wurde das Pferd der jungen Frau krank. Es trank kein Wasser mehr und fraß das Heu nicht. Der Pferdeknecht ging zum Khan und erzählte ihm, daß das Pferd nicht trinkt und nicht frißt. »Führe es ein bißchen aus«, sagte der Khan. Der Pferdeknecht nahm das Pferd am Zaum und ging mit ihm zum Wasser. Das Pferd trank und wurde gesund. Es sprang ans Ufer und wälzte sich im Gras, dann schlug es mit den Hinterbeinen aus und galoppierte davon. Einige Zeit später kam das Pferd bei seiner jungen Herrin angelaufen. Die Frau umarmte das Pferd und beide weinten vor Freude. Und lange lebten sie zu dritt glücklich.

Einmal sagte das Pferd zur Frau: »Du mußt mich töten. Meine Lunge und das Herz lege zusammen, schneide meinen Kopf ab und grabe ihn vor dem Haus ein, schneide meinen Schweif ab und stecke ihn hinter dem Haus in die Erde hinein, schneide meine vier Unterschenkel ab und vergrabe sie in den vier Ecken das Hauses.«
Und die Frau ließ den Jungen das Pferd töten. Sie legte die Lunge und das Herz zusammen, sie schnitt den Kopf ab und grub ihn vor dem Haus ein, sie schnitt die vier Unterschenkel ab und vergrub sie in den vier Ecken des Hauses, sie schnitt den Schweif ab und grub ihn hinter dem Haus ein. Dann umarmte die Mutter ihren Sohn und sie legten sich auf dem Pferderumpf schlafen. Als sie aufwachten, da sahen sie, daß sie unter einem neunschichtigen Bettvorhang, der aus Seide war, und auf einem achtfüßigen Bett, das aus Sandelholz war und auf dem dreihundertsechzig Decken lagen, waren. An der Stelle ihrer kleinen schwarzen Hütte stand ein großer weißer Palast. In der rechten Ecke saßen Männer und spielten Schach. In der linken Ecke saßen junge Mädchen und bestickten Seide mit unzähligen Ornamenten. Als die Mädchen sahen, daß die Mutter und ihr Sohn aufwachten, brachten sie Wasser zum Waschen. Die beiden wuschen sich und gingen hinaus. Vor dem Palast sahen die Mutter und ihr Sohn ein Kloster. Hinter dem Palast sahen sie einen goldenen Brunnen mit silbernem Boden. An den vier Ecken des Palastes weideten vier Arten von Vieh. Die Mutter und ihr Sohn lebten glücklich.
Die Zeit verging. Inzwischen kehrte der Khan aus dem Kampf zurück. Er nahm seine fünfhundert Schulmusen-Frauen wieder zu sich. Eines Tages schickte der Khan nach zwei Männern und sagte ihnen: »Seht euch um, was es so im ganzen Lande gibt, dann kommt zurück und erzählt es mir.«
Die Männer gingen und erreichten das Land, wo die Frau

mit ihrem Sohn lebte. Die Frau ließ die Männer ins Haus und machte ein großes Fest. Danach gingen die Männer zum Khan zurück.
Der Sohn sagte zur Mutter: »Ich gehe auch zum Khan!«
»Und wie willst du dort hingehen?« fragte die Mutter.
»Ich verwandle mich in einen Hasen«, antwortete der Sohn.
»Nein«, sagte die Mutter, »das ist zu gefährlich, die Hunde könnten dich zerreißen.«
»Dann verwandle ich mich in einen Spatz«, sagte der Junge. Er verwandelte sich in einen Spatz und flog zum Khan. Als er zum Khan kam, versteckte er sich auf dem Dach des Hauses des Khans.
Inzwischen kamen die beiden Männer. »Na, habt ihr etwas Schönes gesehen?« fragte der Khan.
»Ja«, sagten die beiden, »in einem Land lebt eine schöne Frau mit ihrem Sohn.«
Und der Khan darauf: »Oh, ich muß sie unbedingt sehen.«
Die fünfhundert Schulmusen-Frauen hörten das und sagten: »Es gibt noch etwas Schöneres!« Der Khan fragte: »Was denn?« Und die fünfhundert Schulmusen-Frauen erzählten: »Hinter zwei Horizonten leben im Himmel elf Schweine, die Gold spucken.«
Der Junge hörte alles und flog nach Hause. Zu Hause machte er eine kupferne Peitsche und lief in das Land, wo die Schweine lebten. Als der Junge in das Land kam, trieb er die Schweine, sie auf ihre Unterschenkel schlagend, zusammen. Und so trieb er die Schweine nach Hause.
Einige Zeit später schickte der Khan wieder drei Männer, um nachzusehen, was es Schönes im Land gibt. Die drei Männer kamen ins Land der jungen Frau und blieben drei Tage zu Gast in ihrem Palast. Dann kehrten sie zum Khan zurück. Der Junge verwandelte sich wieder in einen Spatz und flog hinterher. Wieder versteckte er sich auf dem Dach des Hauses vom Khan und belauschte das Gespräch.

»Na, erzählt mir«, sagte der Khan zu den Männern, »was habt ihr Schönes gesehen.«
»In einem Land lebt eine schöne Frau«, sagte einer. »Und sie hat einen Sohn«, setzte der zweite fort. »Und sie haben elf Schweine, die Gold spucken«, beendete die Erzählung der dritte.
»Oh, das muß ich unbedingt sehen!« rief der Khan aus. Aber die fünfhundert Schulmusen-Frauen sagten: »Ach, es gibt etwas, das noch schöner ist!« »Und was ist das?« fragte der Khan. »In dem Himmelsland hinter zwei Horizonten leben elf Rappen, ihre Mähnen sind aus Korallen und ihre Schweife sind aus Perlen«, so sprachen die Schulmusen-Frauen. Der Junge flog schnell nach Hause, nahm seine kupferne Peitsche und ging ins Himmelsland. Dort sattelte er einen Rappen und trieb die anderen Pferde nach Hause.
Der Khan schickte vier Männer. Sie erreichten das Land der jungen Frau und blieben vier Tage zu Gast in ihrem Palast. Als sie zurück zum Khan gingen, verwandelte sich der Junge wieder in einen Spatz und flog zum Haus des Khans.
Da kamen die vier Männer und erzählten dem Khan: »Dort in einem Land lebt eine schöne Frau. Sie hat einen Sohn. Und sie haben elf Rappen, deren Mähnen aus Korallen und deren Schweife aus Perlen sind!«
»Das muß ich sehen«, sagte der Khan. Und wieder sagten die fünfhundert Schulmusen-Frauen: »Ach, es gibt noch etwas Schöneres als das!«
»Und was ist das?« fragte der Khan. »In der Mitte des Ozeans lebt in einer Höhle ein Mädchen. Ulan heißt es, und es hat ein goldenes Boot und goldene Ruder. Jeden Tag am Nachmittag kommt es zum Ufer und spielt dort«, sagten die Schulmusen-Frauen. »Oh, das muß ich sehen!« rief der Khan aus.
Der Junge flog nach Hause. Er machte ein goldenes Boot

mit goldenen Rudern und eine goldene Schale. Die Schale füllte er mit Wein. Dann ging er zum Ozean, setzte sich in das Boot und ruderte los. Plötzlich kam zwischen den Schilfwurzeln das Mädchen an die Oberfläche des Wassers. »Laß uns um die Wette laufen«, sagte der Junge zu dem Mädchen. »Und wohin laufen wir?« wollte das Mädchen wissen. »Wir laufen bis zu dem Schilfdickicht«, zeigte der Junge die Richtung. »Aber wer die Wette verliert, der trinkt eine Schale mit Wasser.«
»Gut«, sagte das Mädchen, und sie liefen um die Wette. Das Mädchen kam als Letzte an.
»Wette ist Wette«, sagte der Junge und gab dem Mädchen die Schale mit dem Wein. Das Mädchen nahm einen Schluck zu sich und sagte: »Aber das Wasser ist bitter!«
»Als ob du nicht wüßtest, wie das Ozeanwasser schmeckt«, antwortete der Junge. Und das Mädchen trank die Schale mit dem Wein aus. Es wurde davon betrunken und schlief ein. Der Junge nahm das Mädchen mit in sein Boot und ging nach Hause. Das Mädchen wurde seine Frau, und sie lebten glücklich.
Inzwischen schickte der Khan fünf Männer fort und befahl ihnen: »Seht euch um, was es Schönes im Lande gibt!« Die Männer gingen los und kamen zum Palast der Frau. Sie sahen den wunderschönen Palast und ihre Augen begannen zu schielen, und zwar so, daß sie die Tür nicht finden konnten. Die junge Schwiegertochter Ulan lief den Männern entgegen und hielt ein weißes Tuch vor ihre Augen. Und die Augen hörten auf zu schielen. Die Männer blieben fünf Tage im Palast. Dann kehrten sie zum Khan zurück. Der Junge verwandelte sich wieder in einen Spatz und flog hinterher. Er versteckte sich auf dem Dach des Hauses vom Khan. »Wo seid ihr so lange gewesen? Wollt ihr bestraft werden?« stürzte sich der Khan auf die Männer.
Da erzählten die Männer: »In einem Land lebt eine schöne

Frau. Sie hat einen Sohn und eine wunderschöne Schwiegertochter. Außerdem haben sie elf Schweine, die Gold spucken, und elf zauberhafte Rappen mit Mähnen aus Korallen!«

Und wieder sagten die fünfhundert Schulmusen-Frauen: »Ach, es gibt noch etwas Schöneres im Lande!«

»Und was ist das?« interessierte sich der Khan.

»Am Ufer des Ozeans leben zehn Jungen, ihre Brustkörbe sind aus Gold und ihre Köpfe sind aus Silber. Sie haben auch zehn goldene Schalen mit silbernen Löffeln. Die Schalen stehen am Ufer, und jeden Tag am Nachmittag kommen die Jungen aus dem Wasser, um zu essen. Und das Essen kommt reichlich vom Himmel«, sagten die Schulmusen-Frauen.

Der Junge hörte alles und flog schnell nach Hause. Zu Hause machte er eine goldene Schale und dazu einen silbernen Löffel. Dann bereitete er aus der Milch seiner Mutter Chürsn-Käse zu. Er nahm alles mit und ging am Ufer des Ozeans entlang. Er war sehr lange unterwegs, bevor er zehn goldene Schalen am Ufer stehen sah. Der Junge stellte seine Schale neben die anderen hin und setzte sich wartend ans Ufer. Plötzlich fiel Essen vom Himmel herunter und füllte die zehn Schalen. Die Schale des Jungen blieb leer. Mit dem Löffel nahm der Junge aus jeder Schale ein bißchen vom Essen und seine Schale wurde voll. Dann legte er in jede Schale ein Stück Chürsn-Käse. Aus dem Wasser kamen, spielend und herumtollend, die zehn Jungen. Vor ihrem lauten Geschrei bekam der Junge Angst und sprang ins Wasser. Die zehn Jungen kamen heraus und setzten sich alle, um zu essen. Eine Schale blieb übrig. »Es fehlt einer von uns«, sagten die zehn Jungen und fingen an zu suchen. Sie fanden den Jungen im Schilfdickicht und riefen: »Steh auf und komm, gehen wir essen.« Und so saßen sie alle da und aßen. Plötzlich fragte der Junge: »Was ist das?«

»Wer weiß«, zuckten die anderen die Schultern. »Das ist »Chürsn-Käse aus der Milch unserer Mutter!« erklärte der Junge. »Dann gehen wir alle zu ihr!« schrien die Jungen. Sie nahmen ihre Schalen mit den Löffeln und liefen schnell in das Land der Mutter. Ihre Mutter weinte lange vor Freude. Und sie lebten alle glücklich zusammen.

Eines Tages sattelten alle elf Jungen ihre Pferde und machten sich auf den Weg zum Khan. Als sie ankamen, machten sie ein großes Aufheben vor dem Hause des Khan: tschi-bu, bi-bu. Und tschi-bu, bi-bu sprangen alle gleichzeitig von den Pferden, tschi-or, bi-or kamen alle gleichzeitig ins Haus, und tschi-su, bi-su setzten sich einige von ihnen mit dem Rücken nach vorn, andere setzten sich mit dem Gesicht nach vorn. Da sagten die fünfhundert Schulmusen-Frauen zu ihnen: »Ihr benehmt euch so, als ob ihr ohne Mutter und Vater erzogen worden seid! Was seid ihr für Menschen!«

»Nein, ihr habt uns erzogen!« antworteten die elf Jungen. Sie gingen alle hinaus, sprangen in die Sättel und sagten zu dem Khan: »Khan, nehmt alle Menschen bis zum letzten Waisenkind mit und kommt als Gäste zu uns!«

Der Khan schlug seine große Trommel und versammelte alle Menschen aus seinen großen Ländern, dann schlug er eine mittlere Trommel und rief alle Menschen aus seinen mittleren Ländern zusammen, er schlug seine kleine Trommel und alle Menschen aus den kleineren Ländern kamen. Dann nahm er seine fünfhundert Schulmusen-Frauen und machte sich auf den Weg.

Als er zu der Frau mit ihren elf Söhnen kam, machte man die Tür vor ihm auf. Der Khan ging in den Palast herein und setzte sich. Man gab ein großes Fest. Und die Schwiegertochter, die schöne Ulan, sang ein Lied. Sie sang von einer jungen Frau, die einmal die Frau des Khans gewesen war, sie sang von den Leiden dieser Frau und am Ende des Liedes sang sie: »Ihr, Khan, seid mein Schwiegervater und ich bin Eure Schwiegertochter!« So beendete sie ihr Lied und verschwand hinter einem Vorhang. Der Khan stand auf, küßte seine elf Söhne auf ihre Wangen und umarmte seine schöne Frau. Dann tötete der Khan die fünfhundert Schulmusen-Frauen und warf sie in eine Bergschlucht. Der Khan nahm seine schöne Frau und seine elf Söhne mit und machte ein großes Fest. Alle Menschen freuten sich. Und alle lebten lange und glücklich.

Das Mädchen und seine böse Stiefmutter

Es lebten zwei Mädchen. Eines hieß die Häßliche und das andere war die Schöne. Die Häßliche war die Tochter der verstorbenen Frau. Und die Schöne war die Tochter der Stiefmutter. Das ganze Jahr, ob es Winter oder Sommer war, ob es Frühling oder Herbst war, arbeitete die Stieftochter in der Steppe: Sie weidete das Vieh. Die Tochter der Stiefmutter tat nichts, sie aß das gute Essen und ihre Kleider waren schön und teuer. Die Häßliche war nicht häßlich, sie war ein schönes Mädchen, aber das schlechte Essen, die alten abgetragenen Kleider und die schwere Arbeit bei glühender Sonne und kaltem Wind taten das ihre, daß keiner ihre Schönheit bemerkte. Aber trotz all dem Schlechten in seinem Leben, trotz der schweren Arbeit, wuchs das Mädchen heran und erreichte sein fünfzehntes Lebensjahr, das Alter, in dem ein Mädchen heiraten sollte.

Unter den Kühen, die das Mädchen weidete, war eine Kuh, die Gold schiß. Das Mädchen nahm das Gold, kaufte gutes Essen und schöne Kleider und wurde von Tag zu Tag schöner und schöner. Die böse Stiefmutter war darüber erstaunt und dachte: »Meine Tochter sitzt nichts arbeitend zu Hause, ihr Essen ist gut und reichlich, aber sie wird nicht schöner. Und die da arbeitet Tag und Nacht und ist schöner geworden!« Und sie haßte ihre Stieftochter noch mehr. Der Gedanke, das Mädchen zu töten, erfüllte sie.

Eines Tages trieb das Mädchen wie immer das Vieh nach Hause. Ein Junge, der auf der Jagd war, sah es und das Mädchen gefiel ihm sehr. Am nächsten Tag machte er sich mit dem Mädchen bekannt und sagte ihm, daß er es zur Frau nehmen wolle. Und es kamen seine Eltern und viele Gäste, um das Mädchen zu werben. Die Stiefmutter konnte vor lauter bösen Gedanken keine Ruhe finden: »Warum will niemand meine Tochter zur Frau nehmen, obwohl auch sie schön ist? Ich werde die Stieftochter töten!« Als alle Gäste weg waren, schickte die böse Frau ihre Stieftochter zum Brunnen, um Wasser zu holen. Sie selbst ging hinterher. Als sich das Mädchen über den Brunnen beugte, stieß die Stiefmutter von hinten, und das Mädchen fiel in den Brunnen hinein. Die böse Frau wollte ihre eigene Tochter dem Jungen zur Frau geben.

Einige Zeit später fing man mit den Vorbereitungen für die Hochzeit an. Der Junge kam, um das Mädchen mitzunehmen. Die Stiefmutter schmückte ihre Tochter und setzte sie auf den Platz der Braut. Der Junge sah hin und erkannte sein Mädchen nicht. Er sagte: »Das ist nicht das Mädchen, das ich zur Frau nehmen will!«

Die Stiefmutter begann hin und her zu laufen und antwortete: »Nein, das ist das Mädchen! Oder habt Ihr vielleicht Hintergedanken?« Die Gäste waren verwirrt und sagten: »Es bleibt uns nichts anderes übrig, als das Mädchen mitzunehmen. Wir können nicht mit leeren Händen nach Hause zurückkehren.« Und der Junge nahm die Tochter der Stiefmutter mit. Er heiratete sie und einige Zeit später brachte ihm seine Frau Kinder zur Welt.

Neben dem Brunnen, wo das Mädchen getötet worden war, wuchs ein Weidenbaum. Seine schönen Zweige hingen herab. Im Herbst wurden die Blätter gelb und der Weidenbaum verlor das Laub. Und da stand er, ganz nackt und einsam.

Im Lande des Jungen lebten ein Alter und eine Alte. Die beiden waren sehr arm und hatten keine Kinder. Der Alte sah den Baum und fällte ihn, um den Ofen heizen zu können. Der Alte zerteilte den Baum, brachte das Holz

nach Hause und machte Feuer an. Das Feuer brannte und brannte und ging aus. »Alte«, sagte der Alte zu seiner Frau, »das Feuer ist ausgegangen. Deck die Glut ab!« Die alte Frau stand auf und deckte die Glut ab.
Am nächsten Morgen machte sie die Glut frei, legte Holz auf und versuchte, das Feuer anzufachen. Die Alte pustete und pustete in die Glut, aber das Feuer ging nicht an. Plötzlich kam aus dem Rauch ein kleines Mädchen heraus. Erstaunt sah die Alte das Mädchen an und rief den Alten: »Komm hierher und sieh mal, was für ein Wunder!« Der Alte kam und sagte: »Wir haben keine Kinder. Das ist ein Geschenk der Götter für uns!« Sie nahmen das Mädchen und legten es ins Bett. Und sie freuten sich sehr.
Die Zeit verging. Das Mädchen wuchs heran und die beiden Alten waren glücklich. Die Mutter machte für das Mädchen eine Puppe. Eines Tages nahm die kleine Tochter der Alten ihre Puppe und sagte zu der Mutter: »Erlaubt mir, zum Khan zu gehen und mit seinen Kindern zu spielen!«
»Was willst du beim Khan? Bleibe zu Hause und spiele hier«, antwortete die Mutter. Aber das Mädchen ließ die Mutter so lange nicht in Ruhe, bis sie es ihm erlaubte: »Gut, gehe, aber bleibe dort nicht lange.« Das Mädchen nahm die Puppe und ging zum Khan. Es kam an und blieb an der Tür stehen. »Wessen Mädchen ist das?« wunderte sich der Khan. »Warum steht es mit seiner Puppe vor der Tür?«
»Wer weiß«, sagte eine Dienerin, »aber es steht hier schon seit langem.«
»Komm hierher«, rief der Khan das Mädchen, »erzähle mir, wessen Tochter du bist und was du hier machst.«
»Ich bin die Tochter des alten Hirten«, sagte das Mädchen, »und ich bin gekommen, um mit meiner Puppe zu spielen. Puppe, Puppe, wollen wir nicht dem Khan eine Geschichte erzählen?«

»Das muß eine interessante Geschichte sein«, dachte der Khan und sagte dem Mädchen: »Na, erzähle mal.«
Und das Mädchen begann: »Es war vor langer Zeit. Es lebten zwei Mädchen. Eines hieß die Häßliche und das andere die Schöne.« Und es erzählte dem Khan die ganze Geschichte.
Der Khan erkannte das Mädchen. Es war dasjenige, in das sich der Khan damals verliebt hatte und das er zur Frau nehmen wollte. Der Khan schickte seine Frau zurück zu ihren Eltern und heiratete des Mädchen. Und die Hirtin, die so viel Schlechtes im Leben gesehen hatte, lebte mit ihrem Mann und mit Vater und Mutter lange und glücklich.

Das schöne Mädchen und die böse Alte

Es war vor vielen Jahren. Es lebte ein Alter mit seiner Frau. Sie hatten hundert rote Kühe und drei Töchter. Einmal wollte der Vater zum Markt gehen und fragte die Töchter, ob er für sie irgend etwas mitbringen sollte. Die älteste Tochter bat ihn: »Bringt für mich schöne Seide und schwarze Juchten mit.« Die zweite Tochter wollte auch Seide und Juchten haben. Und die jüngste Tochter sagte dem Vater: »Ach, kauft für mich den jüngsten Sohn des Khans.«

Der Alte ging und kam bald zum Markt. Dort kaufte er die schöne Seide und das schwarze Juchten für die beiden Töchter und ging zum Khan. Er kam zum Khan und setzte sich, ein Bein untergeschlagen und auf ein Knie gestützt, in die rechte Ecke. Der Khan feierte gerade ein Fest, und niemand von den Gästen bemerkte den schlecht angezogenen Alten. Plötzlich sah der Khan ihn und fragte: »Aus welchem Grund bist du hierhergekommen?« Vor Angst konnte der Alte kaum den Mund aufmachen. Aber dann entschloß er sich, doch zu sprechen, und sagte: »Unsere jüngste Tochter schickt mich, um den jüngsten Sohn des Khans zu kaufen.«

Der Khan überlegte eine Weile und sagte dann: »Näht für mich ein Kleid aus Seide, das innen mit Pelz gefüttert ist, und dazu eine weiße Hose mit einem weißen Hemd. Und das alles bringst du mir zusammen mit deiner Tochter.«

Der Alte gab dem Khan keine Antwort und ging nach Hause. Unterwegs dachte er über die Worte des Khans nach und seine Laune wurde schlechter und schlechter.

»Wenn wir seinen Wunsch nicht erfüllen, werden wir als Ausgelachte dastehen«, dachte der Alte bei sich. Und mit solchen Gedanken kam der Alte nach Hause. Er verteilte die Geschenke unter den ältesten Töchtern. Die jüngste Tochter fragte ihn: »Habt Ihr etwas für mich mitgebracht?« Da antwortete der Alte: »Der Khan hat dir seinen Sohn nicht verkauft. Er will, daß du selber zu ihm kommst.« So sprach der Alte und setzte sich mit einem tiefen Seufzer.

»Vater, es gibt nichts, um sich so zu quälen. Was hat der Khan noch gesagt?« fragte die Tochter.

»Du sollst für den Khan ein Kleid nähen, außen aus Seide und innen mit Pelz gefüttert. Außerdem sollst du eine weiße Hose und ein weißes Hemd nähen und zusammen mit mir zu ihm kommen«, antwortete der Alte.

»Kauft morgen den Stoff, es ist sehr leicht, das alles zu nähen«, sagte die Tochter und freute sich sehr. Am nächsten Tag kaufte der Alte den Stoff. Aber die Tochter sagte zu ihrem Vater: »Hier kann ich nicht nähen. Am Ufer des Schikrilug-Sees, auf dem Nacken des Garuda-Vogels steht ein Turm. Bringt mich dorthin.« Dem Alten blieb nichts weiter übrig, als seine Tochter dort hinzubringen.

Sie waren sehr lange unterwegs, bis sie das Ufer des Schikrilug-Sees erreichten. Als sie zum Turm kamen, ging die Tochter hinein, und der Vater kehrte zurück. Nach sieben Tagen und Nächten war das Kleid und die Hose mit dem Hemd fertig, und die Tochter kam nach Hause zurück.

Als das Mädchen nun zum Khan gebracht werden sollte, kamen die Eltern in Schwierigkeiten. »Wenn mich die Mutter hinbringt, dann bleibt das Haus ohne Aufsicht. Wenn der Vater mitkommt, dann wird keiner dasein, um sich um die hundert roten Kühe zu kümmern«, sagte die jüngste Tochter, »deshalb müßt ihr jemanden finden, der mich zum Khan bringt.«

Der Vater ging auf die Suche nach einem Begleiter für seine Tochter. Unterwegs traf er eine alte Frau. Säwdä war ihr Name. Sie war mit ihrer Tochter zusammen. Säwdä bot an: »Wir bringen deine Tochter zum Khan.« Und zu dritt kamen sie nach Hause. Der Alte und seine Frau bereiteten ihre Tochter für den Weg vor: Sie spannten das Kamel vor den Wagen, gaben der Tochter so viel Essen mit, daß es für den ganzen Weg hätte reichen müssen, und schickten das Mädchen auf den Weg. Und die Tochter, zusammen mit Säwdä und dem Mädchen, fuhr fort.

Der Weg war sehr lang, und die Tochter des Alten hatte nichts mehr zum Essen, Säwdä und ihre Tochter aber hatten noch viel Essen dabei und die beiden aßen und aßen. Das Mädchen hungerte und als ihr Hunger unerträglich wurde, bat es um Essen.

»Gib mir eines deiner Augen und du bekommst das Essen«, sagte Säwdä zu ihm. Das Mädchen erduldete weiter den Hunger, aber er wurde noch unerträglicher. Und es blieb dem Mädchen nichts weiter übrig, als ein Auge für das Essen einzutauschen.

Einige Zeit später starb das Mädchen wieder fast vor Hunger und es bat um Essen.

»Gib mir dein anderes Auge und du bekommst was zum Essen«, sagte die Alte. Aber das Mädchen wollte nicht ohne ein Auge zum Khan kommen. Und sie fuhren weiter. Ringsherum breitete sich die menschenleere und die von der Sonne verbrannte Steppe aus. Das hungrige Mädchen konnte es nicht mehr aushalten, es gab der Alten sein zweites Auge und bekam dafür zu essen.

Nachdem die Alte und ihre Tochter das zweite Auge bekommen hatten, suchten die beiden einen alten Brunnen. Und als sie den Brunnen fanden, warfen sie das blinde Mädchen hinein. Die Alte wollte den Sohn des Khans für ihre eigene Tochter haben.

Kurze Zeit später kamen Mutter und Tochter zum Khan. Die beiden wurden herzlich begrüßt, man führte sie in die Jurte und gab der Alten eine Pfeife. Die Alte rauchte und sprach mit dem Khan.
»Warum hat Eure Tochter so eingefallene Augen?« sprach der Khan.
»Das ist von dem langen weiten Weg«, antwortete die Alte.
»Warum hat Eure Tochter eine so lange Nase?« fragte der Khan.
»Wir waren in solcher Eile, daß sie keine Zeit hatte, sich die Nase zu putzen«, sagte die Alte.
Sie schenkten dem Khan das pelzgefütterte Seidenkleid, die weiße Hose und das weiße Hemd. Der Khan zog die Sachen an und gab sein Einverständnis für die Hochzeit, die man bald darauf feierte.
In dem Ort lebte auch ein alter Hirte mit seiner Frau. Sie hatten keine Kinder. Der Hirte hütete die Kühe des Khans. Eines Tages trieb der Alte die Kühe heim und kam an dem Brunnen, wo das Mädchen lag, vorbei. Der Alte beugte sich über den Brunnen, sah das Mädchen, bekam Angst und lief schnell mit den Kühen nach Hause. Als er zu Hause angekommen war, erzählte er seiner Frau: »Auf dem Boden des alten Brunnens liegt ein Mädchen. Als ich es sah, bekam ich solche Angst, so daß ich es nicht gut erkennen konnte.«
»Du verfluchter alter Dummkopf, mag das Mädchen auch nicht unsere Tochter sein, so kann es uns doch aber Freude bringen. Dann hätten wir jemanden, der das Deesh essen würde und für uns ein Lied singen könnte. Du gehst und bringst das Mädchen nach Hause«, befahl die alte Frau.
Am nächsten Tag, als der Alte das Vieh in die Steppe trieb, ging er zum Brunnen und holte das Mädchen heraus. Sogar ohne ihre Augen war das Mädchen sehr schön. Am späten Abend trieb der Alte die Kühe nach Hause und

brachte das Mädchen mit. Seine Frau, die schon sechzig Jahre alt war, freute sich so, als ob ihre verstorbenen sechzehn Kinder plötzlich wieder am Leben wären. Der Alte und seine Frau nahmen das Mädchen als Tochter auf und lebten glücklich weiter. Das Mädchen, obwohl es keine Augen hatte, war sehr fleißig und machte zu Hause die ganze Arbeit. Der Alte mit seiner Frau freuten sich sehr. Und so lebten sie.

Eines Tages ging der Alte in die Stadt und das Mädchen bat ihn: »Bitte, kauft für mich einige Flicken orangefarbener Seide und bringt sie mit.«

Der Alte erfüllte die Bitte und kam zurück nach Hause. Aus den orangefarbenen Stücken nähte das Mädchen eine wunderschöne Geldtasche. Als der Vater am nächsten Tag nach Hause kam, schickte ihn die Tochter in den Ort, wo der Khan lebte, zum Markt, um die Geldtasche zu verkaufen. »Nehmt für die Tasche kein Geld, sondern verlangt für sie ein schwarzes vertrocknetes Auge, das schon fest geworden ist«, sagte das Mädchen dem Alten. Der Alte ging zum Markt und suchte sich einen Platz in der Nähe des Hauses vom Khan. Viele Menschen bewunderten die Geldtasche und boten sehr viel Geld dafür, aber der Alte verkaufte die Tasche nicht. Da kam der Sohn des Khans und fragte den Alten, was die Tasche kosten würde. »Für Geld verkaufe ich die Tasche nicht«, antwortete der Alte. Der Sohn des Khans ging nach Hause und sagte: »Auf dem Markt wird eine wunderschöne Geldtasche angeboten. Aber der Verkäufer will kein Geld dafür, sondern er verlangt ein schwarzes vertrocknetes Auge, das schon fest geworden ist.«

Die Schwiegermutter konnte nicht widerstehen und sagte zu ihrem Schwiegersohn: »Ah, ich tue alles für dich!« und mit diesen Worten nahm sie aus ihrer Tasche ein schwarzes vertrocknetes Auge heraus und gab es dem Schwiegersohn. Der Sohn des Khans gab dem Alten das Auge und

bekam dafür die Geldtasche. Der Alte ging nach Hause und brachte das Auge seiner Tochter. Das Mädchen weichte das Auge ein und setzte es ein. Und so bekam das Mädchen sein erstes Auge wieder.
Nun, mit einem Auge, nähte das Mädchen noch eine Geldtasche, die zehnmal schöner war als die erste. Und wieder schickte die Tochter den Vater zum Markt und sagte dabei: »Gebt die Tasche nicht für Geld her, sondern nur für ein schwarzes vertrocknetes Auge.«
Sie hängte die Tasche an einen Stock und gab sie dem Vater. Die Menschen bewunderten die Tasche noch mehr als die vorherige. Und jeder wollte sie haben. Die Geldtasche sah auch der Sohn des Khans.
Er ging nach Hause und erzählte: »Dort verkauft ein Alter eine Geldtasche, die zehnmal schöner ist, als die gestrige. Für die Tasche will der Alte ein vertrocknetes schwarzes Auge!«
»Was tue ich nicht alles für dich!« sagte die Schwiegermutter und gab ihm ein vertrocknetes schwarzes Auge. Für das Auge kaufte der Sohn des Khans die schöne Geldtasche. Der Alte nahm das Auge mit und brachte es seiner Tochter. Und wie beim letzten Mal weichte das Mädchen das Auge auf und setzte es dann ein. Mit den zwei Augen war das Mädchen noch schöner.
Die Schwiegermutter von dem Sohn des Khans wurde nachdenklich, nachdem sie die beiden Augen weggegeben hatte. Und sie erinnerte sich daran, daß sich das Leben des Mädchens in dem Walfisch aus dem Schikrilug-See befand. Die Schwiegermutter wußte davon, weil das Mädchen es ihr selbst erzählt hatte, wo sich sein Leben befand. Und die Alte dachte sich etwas aus. »Du mußt dich krank stellen«, sagte sie zu ihrer Tochter, »und wenn dein Mann dich nach deinen Wünschen fragt, sagst du ihm, daß du gern das Fleisch von dem Walfisch aus dem Schikrilug-See essen würdest.«

Die Frau vom Sohn des Khans wurde plötzlich krank. »Hast du irgendwelche Wünsche?« fragte sie ihr Mann. Und die Frau sagte genau das, was ihr die Mutter beigebracht hatte. Der Sohn des Khans holte seine Würdenträger zusammen und, ohne Zeit zu verlieren, machten sie sich auf den Weg zum Schikrilug-See.

Als sie unterwegs zum See waren, wußte die Tochter des Alten schon, was geschehen würde. Und sie sagte zu ihren Eltern: »Wenn ich sterbe, dann bringt ihr mich zum Schikrilug-See. Am Ufer des Sees steht dort auf dem Nacken des Garuḍa-Vogels ein Turm. Ihr müßt meinen toten Körper in diesen Turm legen.«

Der Sohn des Khans und sein Gefolge fingen den Walfisch und töteten ihn. Und in diesem Augenblick starb das Mädchen.

Der Sohn des Khans nahm die Gallenblase des getöteten Walfisches mit. »Kann einmal gebraucht werden«, dachte er dabei und steckte die Blase in seine schöne Geldtasche. Dann brachten sie das Fleisch vom Walfisch nach Hause, kochten es und gaben es der kranken Frau. Die Frau aß das Fleisch und wurde gesund.

Der Alte brachte das tote Mädchen zum Schikrilug-See. Dort sah er am Ufer auf dem Nacken des Garuda-Vogels den Turm stehen und legte das Mädchen hinein. Der Alte beweinte das Mädchen so sehr, als ob seine sechzehn Kinder noch einmal gestorben wären.

Einige Zeit später ging der Sohn des Khans auf die Jagd. Er nahm sein Gefolge, seine Hunde und seinen Königsadler mit. Als sie den Schikrilug-See erreichten, flog der Adler davon und setzte sich auf den Turm. Der Sohn des Khans rief seinen Vogel, aber der Adler kehrte nicht zurück und blieb dort sitzen. Der Sohn des Khans schickte einen Würdenträger, um den Vogel zurückzubringen. Der Mann ging und kam nicht wieder. Dem Sohn des Khans blieb nichts weiter übrig, als selbst hinzugehen. Er kam an und schaute durch das Turmfenster hinein. Und er sah ein schönes, tief schlafendes Mädchen. An seinem Kopfende saß ein kleines dreijähriges Mädchen und weinte. Der Sohn des Khans betrat mit seinem Gefolge den Turm. Sie sahen sich um, und der Junge nahm das kleine weinende Mädchen auf den Arm und versuchte, es zu beruhigen. Aber das Kind weinte und weinte. Der Sohn des Khans und seine Leute versuchten mit allen Mitteln, das Mädchen zu beruhigen, aber es gelang ihnen nicht. Plötzlich sah das Mädchen die Geldtasche mit der Gallenblase. Es nahm die Tasche in die Hand und hörte auf zu weinen. Das Mädchen band die Tasche auf, nahm die Gallenblase heraus und sprang sehr schnell auf den Boden. Es steckte die Gallenblase in den Mund des toten Mädchens und verschwand.

»Ah, habe ich lange geschlafen«, sagte das Mädchen, strich sich über das Haar und stand auf.

»Wo kommst du her?« fragte der Sohn des Khans das Mädchen. Und das Mädchen erzählte ihm alles über sich. Es erzählte, wie es hierhergekommen war und wie es leiden mußte. Der Sohn des Khans hörte der ganzen Geschichte zu und kehrte dann nach Hause zurück. Er sprang neben der Jurte seines Vaters vom Pferd.

»Er ist früher immer erst zu uns gekommen. Warum geht er jetzt zuerst zu seinem Vater?« fragten sich beunruhigt die Schwiegermutter und ihre Tochter.

Als dann der Sohn des Khans von seinem Vater kam, fragte er die beiden Frauen: »Wollt ihr siebzig Pferdemähnen und siebzig Pferdeschwänze haben oder ein geschmiedetes rotes Schwert?«

»Wozu brauchen wir ein geschmiedetes rotes Schwert? Wir nehmen die siebzig Pferdemähnen und die siebzig Pferdeschwänze«, antwortete die Schwiegermutter.

Man band die böse Alte und ihre Tochter an die Mähnen von siebzig Pferden und an die Schwänze von anderen siebzig Pferden und ließ die Pferde davongaloppieren. Von den beiden bösen Frauen blieb keine Spur übrig. Der Sohn des Khans brachte das Mädchen aus dem Turm nach Hause und heiratete es. Und sie lebten lange und glücklich.

Bars Mergen Baatur

Es war vor vielen, vielen Jahren. Es lebte Bars Mergen Baatur. Er hatte eine ältere Schwester Zagan und eine jüngere Schwester Buhulung. Die jüngere Schwester Buhulung holte abends die Herde nach Hause. Bars Mergen Baatur hatte ein rehbraunes Pferd. So lebten sie, und das Leben war schön. Jeden Tag ging Bars Mergen Baatur zur Jagd. Und jeden Tag kam er nach Hause: müde, mit erfrorenen Händen, aber seine Jagdtaschen waren immer voll.

Eines Tages wollte Bars Mergen Baatur auf die Jagd gehen. Seine ältere Schwester Zagan bat ihn: »Bringe einen lebenden Hasen für mich mit.«

»Na gut, ich bringe einen mit«, sagte der Bruder und ging. Er kam abends nach Hause, müde, mit erfrorenen Händen, und sagte zu den Schwestern, daß sie seine Beute ins Haus bringen sollen. Die ältere Schwester bekam den lebenden Hasen und freute sich.

Am nächsten Morgen ging Bars Mergen Baatur wieder zur Jagd. Inzwischen schrieb seine ältere Schwester einen Brief und steckte ihn dem Hasen ins Ohr.

»Lauf und leg dich auf dem Weg hin, wo Charata Khan Köbün zur Jagd geht«, befahl Zagan dem Hasen.

In dem Brief stand: »Ich werde neben dem Haus einen Speer in die Erde rammen, in den Speer werde ich einen Nagel hineinstechen, um den Nagel werde ich Watte wikkeln. Und wenn ich die Watte brennen lasse, dann komme mich abholen.« So schrieb die ältere Schwester Zagan.

Der Hase lief und legte sich auf Charata Khan Köbüns Weg. Einige Zeit später erschien Charata Khan Köbün.

Sein Hund rannte zum Hasen und erschreckte ihn. Der Hase fuhr vor Schreck auf und sprang auf Charata Khan Köbüns Hörner. Charata Khan Köbün nahm den Hasen in die Hände und sah in seinem Ohr einen Brief. Er zog den Brief heraus und las: »Ich werde neben dem Haus einen Speer in die Erde rammen, in den Speer werde ich einen Nagel hineinstechen, um den Nagel werde ich Watte wickeln. Und wenn ich die Watte brennen lasse, dann komme mich abholen. Es muß morgen zur heißen Mittagszeit geschehen.« Charata Khan Köbün steckte den Brief in die Tasche, ließ den Hasen frei und galoppierte fröhlich nach Hause.

»Bars Mergen Baatur«, sagte am nächsten Morgen Zagan zu ihrem Bruder, »laß uns Gefangen spielen«.

»Na gut«, sagte der Bruder, »laß uns spielen.« Und er band ihr die Hände auf dem Rücken zusammen.

»Oh, du tust mir weh«, schrie die Schwester. Und der Bruder band sie los. Dann fesselte Zagan Bars Mergen Baaturs Hände auf den Rücken. Sie fesselte seine Hände sehr fest, so fest, daß er hilflos blieb. Dann rannte die Schwester hinaus, rammte den Speer in die Erde, in den Speer stach sie einen Nagel hinein, um den Nagel wickelte sie Watte und ließ sie brennen. Charata Khan Köbün sah die Flamme und kam. Fünfhundert Männer, die mit Charata Khan Köbün kamen, fesselten Bars Mergen Baatur auf einen eisernen Kastenwagen und kehrten fröhlich zurück.

Nachdem alle fort waren, verfolgte die jüngere Schwester sie, und keine Mühe scheuend holte Buhulung sie nach einem Tag und einer Nacht ein. Sie griff in den Zaum des Pferdes von Charata Khan Köbün, aber in diesem Augenblick verließen sie ihre Kräfte und der Zaum glitt aus ihren Händen.

»Bars Mergen Baatur«, rief Buhulung ihrem Bruder zu, »wenn ihr den Bülütä-Fluß erreicht, verwandle dich am Ufer in einen Schleifstein.«

Der Bruder verwandelte sich am Ufer in einen Schleifstein.
»Den schlechtesten Teil von diesem Schleifstein nehmt ihr mit, und den besten Teil zerkleinert und laßt ihn hier!« befahl Zagan den Männern.
»Bars Mergen Baatur«, rief Buhulung ihrem Bruder zu, »wenn ihr den Täwltä-Fluß erreicht, verwandle dich in einen Spierstrauch am Ufer des Flusses.«
»Nehmt von diesem Spierstrauch den schlechtesten Teil mit, den besten Teil reißt heraus und laßt ihn hier!« sagte Zagan zu ihren Männern.
»Jetzt kann ich dir nicht mehr helfen«, sagte Buhulung zu ihrem Bruder und kehrte zurück.
Als Buhulung nach Hause kam, zog sie sich Bars Mergen Baaturs Kleider an, nahm seine Waffe, sattelte sein rehbraunes Pferd und verließ das Haus. Unterwegs sah Buhulung drei Jurten. Neben der ersten Jurte stieg Buhulung vom Pferd und trat ein. Die Frau des Hauses flocht gerade ihr Haar zum Zopf. Der rechte Zopf war schon geflochten, und die Frau flocht den linken Zopf.
»Mögen sich Eure Wünsche erfüllen!« begrüßte Buhulung die Frau des Hauses, setzte sie auf das linke Knie und küßte ihre linke Wange. Dann setzte sie die Frau auf das rechte Knie und küßte ihre rechte Wange. So begrüßte Buhulung die Frau des Hauses. Mit schon geflochtenem Haar gab ihr die Frau Essen in einer angeschlagenen Schale. Dann gab sie Buhulung ein Stück angebissenen Chürsn und schenkte ihr aus der Truhe das erstbeste weiße Kleid. Nachdem Buhulung mit dem Essen fertig war, steckte sie den angebissenen Chürsn in die Brusttasche und zog das Kleid an. Aber das Kleid war ihr zu klein und es zerriß am Rücken in zwei Teile.
»Wo ist Euer Mann hingegangen?« fragte Buhulung die Frau.
»Er ist in der zweiten Jurte«, sagte die Frau.

Buhulung betrat die zweite Jurte. Sie sah eine Frau, die saß und ihr Haar flocht. Buhulung begrüßte die Frau genauso, wie sie es in der ersten Jurte getan hatte. Und alles wiederholte sich: Die Frau gab ihr Essen, sie schenkte ein Kleid, und das Kleid zerriß.

»Wo ist Euer Mann hingegangen?« fragte Buhulung die Frau.

»Er ist in der dritten Jurte«, sagte die Frau.

Und Buhulung ging zur dritten Jurte und trat ein. Sie sah eine dritte Frau, die auch ihr Haar flocht. Ihr linker Zopf war fast fertig und der rechte Zopf war schon geflochten. Die Frau gab Buhulung das Essen in einer ganzen Schale und gab ihr ein Stück nicht angebissenen Chürsn. Als Buhulung mit dem Essen fertig war, steckte sie den Chürsn in die Brusttasche und fragte die Frau, ob ihr Mann zu Hause sei.

»Nein, er ist in der ersten Jurte«, sagte die Frau. »Als ich in der ersten Jurte fragte, schickte man mich in die zweite, als ich in der zweiten Jurte fragte, sagte man mir, er sei in der dritten, und jetzt frage ich Euch und Ihr sagt, er sei in der ersten Jurte«, so sprach Buhulung.

Da erzählte die Frau: »Eine von uns drei Frauen ist eine Mondtochter – Sahlanghu, die andere ist eine Tochter der Sonne – Nahlanghu, und ich bin die Tochter des Himmels – Teglenghu. Und unsere Männer sind der mißmutige fünfzehnköpfige schwarze Mus, der krumme zwanzigköpfige Mus und der krumme fünfundzwanzigköpfige schwarze Mus.«

»Wo sind sie jetzt alle?« frage Buhulung.

»Sie sind zur Jagd gegangen«, antwortete die Frau.

Buhulung bat die Frau, den Weg zu zeigen, auf dem die Musen nach Hause kommen. »Dieser Weg ist der vom älteren Mus, dort ist der Weg vom zweiten Mus und hier ist der Weg, auf dem der dritte Mus nach Hause kommt«, zeigte die Frau. Buhulung ging den Weg entlang, auf dem der ältere Mus nach Hause kam. Sie verwandelte ihr Pferd

in einen Knöchel und versteckte ihn in der Tasche. Dann verwandelte sich Buhulung in einen grauen Pferdeapfel und lag auf dem Weg.
Der Hund des Muses kam gerannt und näherte sich. Buhulung warf mit dem Chürsn nach dem Hund und tötete ihn.
»Es scheint so, als ob Bars Mergen Baatur gekommen ist«, dachte laut der schwarze Mus.
»Und was würdest du tun, wenn Bars Mergen Baatur gekommen wäre?« fragte Buhulung und schlug ihn mit der Peitsche. Mit einem Schlag riß sie alle fünfzehn Köpfe ab und tötete ihn. Dann zerschlug Buhulung den Mus in Stücke. Sie zerschlitzte seine Bauchhöhle, sie zerhackte sein Bauchhöhlenfett und warf es weit weg. Sie riß das Herz heraus, sein schwarzes Blut quoll hervor, sie zerriß seine Rückenmuskeln in hundert Teile und warf sie weg. Genauso tötete Buhulung den zwanzigköpfigen schwarzen Mus. Dann wartete sie auf den dritten Mus. Als sich sein Hund näherte, warf Buhulung mit dem Chürsn nach ihm. Der Hund stolperte und wollte weglaufen, aber Buhulung erschlug ihn mit der Peitsche.
»Es scheint so, als ob Bars Mergen Baatur gekommen ist«, sagte der fünfundzwanzigköpfige schwarze Mus, »pfui, pfui, wie stinkt dieser Haufen von Würmern!«
»Was würdest du tun, wenn Bars Mergen Baatur gekommen wäre?« fragte Buhulung und schlug ihm mit der Peitsche fünfzehn Köpfe ab. Dann kämpfte sie mit den anderen zehn Köpfen weiter. Im Laufe von sieben mal sieben gleich neunundvierzig Tagen und Nächten kämpfte Buhulung mit dem Mus. Sie schüttelte siebentausendmal sein breites schwarzes Hüftgelenk, sie schüttelte achttausendmal sein schmales schwarzes Hüftgelenk, sie zerschlug sein Rückgrat.
»Hast du noch Kraft zu kämpfen, hast du noch Leben in dir?« fragte Buhulung.

»Ich habe keine Kraft mehr zu kämpfen, ich habe kein Leben mehr in mir!« antwortete der Mus.
»Du bist der Sohn eines Mörders, du bist kein Sohn des Buddha«, sagte Buhulung und mit einem Schlag des weißen Messers, das Zeesh Mansha gemacht hatte, schlitzte sie seinen Bauch auf. Sie zerhackte sein Bauchhöhlenfett und warf es weg. Sie zerriß seine Rückenmuskeln in hundert Teile und warf sie weg. So tötete Buhulung den dritten schwarzen Mus. Nachdem Buhulung alle drei Musen getötet hatte, versammelte sie die drei Frauen um sich und sprach zu ihnen: »Baut eure Jurten ab, treibt das Vieh zusammen, nehmt euer ganzes Gold und geht so lange in Richtung des Sonnenunterganges, bis die Sonne zweimal untergegangen ist.«
Dann ritt Buhulung zu Bars Mergen Baatur, sattelte ihr Pferd ab und legte ihren Sattel unter den Kopf des getöteten Bruders. Im Satteleinschnitt ließ Buhulung einen Brief. In dem Brief stand: »Ich habe für Euch, mein Bruder, drei schwarze Musen getötet, deren drei Frauen jetzt Eure Frauen sind und die bald hierherkommen werden. Und ich, mein Bruder, verwandle mich in einen weißen Hasen aus dem Tal.«
Einige Zeit später kamen die drei Frauen und sahen den toten Bars Mergen Baatur. »Dieser Mann war einmal lebendig und warum ist er jetzt tot?« fragten die drei Frauen. Nachdem sie sich beraten hatten, ging eine Frau zu dem Burchan Mansh-Schireb und brachte Lebenswasser mit. Die Frauen spritzten einmal Lebenswasser auf Bars Mergen Baatur und sein zerhackter Körper wuchs zusammen, die Frauen bespritzten ihn zum zweiten Mal, und aus dem toten Mann wurde ein schlafender Mann. Die Frauen bespritzten ihn zum dritten Mal und Bars Mergen Baatur stand auf und begann sein Pferd zu satteln. Im Satteleinschnitt fand er den Brief und las ihn vor. Bars Mergen Baatur bereitete sich schweigend auf den Weg vor. Mit

seinen drei Frauen kam er nach Hause und lebte dort glücklich.

Einmal sagte er zu einer seiner Frauen: »Ich bringe einen lebenden Hasen mit.«

»Na gut. Bringt ihn mit«, antwortete die Frau. Bars Mergen Baatur ging zur Jagd. Er brachte seine jüngere Schwester Buhulung in Gestalt eines Hasen mit nach Hause und gab den Hasen seiner ältesten Frau. Am nächsten Tag kam Bars Mergen Baatur von der Jagd nach Hause und sah, daß beide Ohren des Hasen schwarz geworden waren.

»Wer hat den Hasen an den Ohren geschlagen?« fragte Bars Mergen Baatur.

»Ich habe einen seidenen Bettvorhang genäht, und der Hase hat mich dabei gestört. Und da habe ich ihn mit der Peitsche vertrieben«, antwortete die älteste Frau.

Bars Mergen Baatur gab den Hasen seiner zweiten Frau. »Nimm, spiel mit ihm«, sagte er und ging zur Jagd. Die Frau schlug den Hasen, daß sein Schwanz schwarz wurde.

»Wer hat den den Hasen geschlagen?« fragte Bars Mergen Baatur.

»Ich habe seidene Bettvorhangsfransen genäht und der Hase hat mich dabei gestört. Und da habe ich ihn vertrieben«, erzählte die zweite Frau.

Am nächsten Morgen gab Bars Mergen Baatur den Hasen seiner jüngsten Frau. So machte er es und ging zur Jagd. Er kam nach Hause und sah, daß der Hasenrücken schwarz von Schlägen geworden war.

»Wer hat den Hasen geschlagen?« fragte Bars Mergen Baatur.

»Ich habe ein seidenes Bettvorhangsband genäht und der Hase hat mich dabei gestört. Und da habe ich ihn vertrieben«, sagte die jüngste Frau. Am nächsten Tag, früh am Morgen, stand Bars Mergen Baatur auf, nahm den Hasen mit und ging in die Steppe. Dort baute er einen Turm und verwandelte den Hasen in ein wunderschönes Mäd-

chen. Und so nahm Buhulung ihre Mädchengestalt wieder an.
Der Turm, den Bars Mergen Baatur für seine jüngere Schwester gebaut hatte, hatte keine Treppe nach unten und war an den Himmel genagelt. Der Turm hatte diamantene Fenster und eine Tür aus Sandelholz. Es war ein sehr schöner Turm. Vor der Tür saßen ein Bär und ein Schneeleopard, die Buhulung beschützen sollten.
Von nun an brachte Bars Mergen Baatur den besten Teil der Jagdbeute seiner jüngeren Schwester Buhulung und den schlechtesten Teil gab er den drei Frauen.
»Seit einiger Zeit ist die Jagdbeute mager geworden. Wie kommt das?« so redeten die drei Frauen miteinander. »Bars Mergen Baatur hat noch jemanden außer uns«, sagten die Frauen. »Morgen werden wir es sehen«, entschieden die Frauen.
Als am nächsten Tag Bars Mergen Baatur zur Jagd ging, liefen die drei Frauen aus dem Haus und erreichten Buhulungs Turm. Aber der Bär und der Schneeleopard ließen sie nicht hinein.
»Wir sind gekommen, um Buhulungs Wäsche zu wechseln und um ihr Haar zu kämmen«, sagten die Frauen. Daraufhin ließen der Bär und der Schneeleopard die Frauen herein. Die Frauen kamen ins Haus und riefen: »Du Ärmste! Dein Kopf ist verlaust, laß uns dein Haar kämmen!«
Und sie kämmten Buhulungs Haar, stachen ihr mit einer dicken Nadel in den Kopf und töteten sie. Dann liefen die drei Frauen eilig nach Hause.
Bars Mergen Baatur kam von der Jagd und rief seine Schwester: »Buhulung! Komm heraus, dein Bruder ist da. Ich bin müde und habe erfrorene Hände!« Und so rief er seine Schwester dreimal. Bars Mergen Baatur ging ins Haus und sah, daß seine jüngere Schwester Buhulung tot war. Er umarmte den Kopf der Schwester und weinte und weinte. »Wer war hier?« fragte Bars Mergen Baatur den

Bären und den Schneeleoparden. »Niemand war hier«, antworteten die beiden. »Ihr seid verfluchte Lügner!« sagte Bars Mergen Baatur und tötete sie beide. Dann machte er eine Truhe und legte die Schwester hinein. Danach fing er eine Sajga-Antilope, band die Truhe an die Hörner der Antilope und ließ die Antilope frei.
Wie immer ging Bars Mergen Baatur zur Jagd. Als er zurückkam, sah er, daß die Truhe plötzlich verschwunden war. Bars Mergen Baatur begab sich auf die Suche nach der Truhe. Und so erreichte er das Land des Chalta Khans. Bars Mergen Baatur verwandelte sich in einen rotznasigen Jungen und sein Pferd verwandelte er in ein räudiges Fohlen. In dieser Gestalt kam Bars Mergen Baatur zum Chalta Khan. Er sattelte sein Pferd ab, ging ins Haus und setzte sich. Plötzlich hörte Bars Mergen Baatur ein Lied, das eine alte Frau draußen sang, während sie ein Pferd an einen Pfahl band.
Das Lied ging so: »Es lebte ein schönes Mädchen namens Buhulung, es lebte Chalta Khan, der einen Sohn hatte, es gab eine Truhe, in der das Mädchen lag und die an den Hörnern einer Sajga-Antilope gebunden war, es gab eine Sajga-Antilope, die das Heu auseinanderwarf, und es lebte ein alter Hirt, der die Antilope wegjagte.« So sang die alte Frau.
»Was für ein Lied habt Ihr soeben gesungen?« fragte Bars Mergen Baatur die Alte.
»Nur so, vor mich hin«, sagte die Frau. Die Alte kam ins Haus und nahm eine Schale und wollte Tschigän für Bars Mergen Baatur einschenken. Aber Bars Mergen Baatur wünschte, aus der auf einer Truhe stehenden Schale zu trinken.
»Aus dieser Schale trinkt unsere Schwiegertochter«, sagte die Alte.
»Wenn die Schale nichts erzählen wird, dann werden wir beide auch schweigen«, sagte Bars Mergen Baatur. Daraufhin schenkte die Alte Tschigän in die Schale und gab

sie Bars Mergen Baatur. Bars Mergen Baatur trank aus und hinterließ auf dem Rand der Schale eine Zeichnung, die folgendes bedeutete: »Bars Mergen Baatur ist gekommen. Dort, wo die Pferde weiden, wächst ein Spierstrauch. Du gehst daran vorbei und wirst einen Weidenbaum sehen. Dort werde ich auf dich warten.«

Dann wollte Bars Mergen Baatur Dombra spielen. Aber die Alte sagte ihm, daß die Dombra ihrer Schwiegertochter gehöre und er sie nicht berühren dürfe.

»Wenn die Dombra nichts erzählen wird, dann werden wir beide auch schweigen«, sagte Bars Mergen Baatur. Und die Frau stimmte zu.

Er nahm die Dombra, spielte und sang dabei: »Buhulung, meine Schwester, Bars Mergen Baatur ist gekommen, um dich zu finden.« So sang er und ging weit in die Steppe. Dort legte er sich hin und wartete.

Als Buhulung nach Hause kam, fragte sie ihre Schwiegermutter: »Wem habt Ihr in meiner Schale Tschigän gegeben?«

»Da kam ein Mann, und ich wollte ihm in einer anderen Schale Tschigän geben, aber er sagte, daß er nur aus dieser Schale trinken möchte. Da sagte ich, die Schale gehört unserer Schwiegertochter. Na, wenn die Schale nicht sprechen wird, dann schweigen wir beide auch und Eure Schwiegertochter wird nichts merken, so sagte er. Dann füllte ich deine Schale mit Tschigän und gab sie ihm«, erzählte die alte Frau.

»Wer hat meine Dombra berührt?« fragte Buhulung.

»Als der Mann deine Dombra spielen wollte, da sagte ich ihm, wenn unsere Schwiegertochter das merkt, wird sie sehr böse auf mich werden. Wenn die Dombra nichts erzählen wird, sagte der Mann, dann werden wir beide auch schweigen«, antwortete die Alte.

»Und wo ist der Mann hingegangen?« wollte Buhulung wissen.

»Wer weiß«, sagte die Schwiegermutter.
Buhulung verließ die Jurte. Da sah sie den Spierstrauch. Sie ging an dem Weidenbaum vorbei und bald war sie an der Stelle, wo Bars Mergen Baatur auf sie wartete. Nach der Begrüßung fragte der Bruder seine Schwester: »Wie kommst du hierher? Ich habe die Truhe an die Hörner einer Sajga-Antilope gebunden.«
Da erzählte ihm seine Schwester: »Die Sajga-Antilope rieb sich an eines Schäfers Heuschober. Der Schäfer kam und warf mit einem Stein nach der Antilope. Sie stolperte und fiel hin. Als sie hinfiel, fiel auch die Truhe herunter. Der Schäfer und seine Frau nahmen die Truhe mit und öffneten sie. Die Frau streichelte mein Haar und stach sich dabei an der Nadel. Sie zog sie heraus, und so wurde ich wieder lebendig. Und der Sohn des Khans nahm mich zur Frau.«
So erzählte Buhulung ihrem Bruder. Dann nahm sie Bars Mergen Baatur mit nach Hause und machte ein großes Fest. Bars Mergen Baatur kehrte zurück zu seinen Frauen und lebte glücklich.
Eines Tages sagte er: »Ich gehe auf die Suche nach meiner älteren Schwester.« Und er machte sich auf den Weg. Er wechselte zwei Pferde, bevor er sein Ziel erreichte. Vor dem Haus seiner älteren Schwester stieg Bars Mergen Baatur vom Pferd und verwandelte sich in einen rotznasigen Jungen. Er betrat die Jurte und setzte sich. Man gab ihm das Essen in einer Hundeschale. »Ich bin kein Hund, ich bin ein Mann! Gebt mir das Essen in der Schale, die auf der Truhe steht«, sagte Bars Mergen Baatur.
»Willst du etwa Bars Mergen Baatur ähnlich sein?« lachte man ihn aus. Aber die ältere Schwester Zagan, die hinter sieben Vorhängen saß, sagte: »Gebt ihm das Essen in der Schale!« Man füllte die Schale und gab sie Bars Mergen Baatur. Er trank das Tschigän aus und streichelte die Schale mit der Hand. Die Schale erkannte ihren Herrn und bekam vor Freude ihren Glanz wieder.

Als Bars Mergen Baatur hinausgehen wollte, sah er einen Köcher mit Pfeilen, der an der rechten Wand der Jurte hing. Er berührte den Köcher mit seinem Daumen. Der verrostete Köcher spürte die Berührung des Daumens, erkannte seinen Herren und bekam seinen schönen Glanz und die Farben wieder.

»Wo ist der Herr des Hauses?« fragte Bars Mergen Baatur.

»Er ist zu einem Brautwerbungskampf gegangen«, war die Antwort.

»Und wo ist der?« fragte Bars Mergen Baatur.

»Man muß in die Richtung des Sonnenaufgangs gehen. Dort ist ein Land des Namshil Khans. Man bewirbt sich um seine Tochter«, sagte eine Dienerin.

Bars Mergen Baatur sprang in den Sattel und ritt fort. Bald erreichte er das Land des Namshil Khans. Dort lief schon der Wettkampf im Bogenschießen. Bars Mergen Baatur fragte nach den Bedingungen des Wettkampfes. »Man muß beim Bogenschießen mit dem Pfeil das Mark des Steppengrases treffen, und zwar so, daß das Steppengras dabei anfängt zu brennen. Dann muß der Pfeil zurückkommen und auf der rechten Hand zitternd liegenbleiben. So sind die Regeln des Wettkampfes«, antwortete man ihm.

»Na, dann werde ich jetzt schießen«, sagte Bars Mergen Baatur. Er nahm einen Pfeil und als er die Bogensehne spannte, zerbrach der Pfeil dabei. Und so zerbrach Bars Mergen Baatur fünf, sechs Pfeile.

Da sagte Charata Khan Köbün: »Dieser rotznasige Junge zerbrach fünf, sechs Pfeile! Bei mir zu Hause hängt der Köcher mit Pfeilen von Bars Mergen Baatur. Bringt ihn hierher und gebt ihn dem Unglücklichen!«

Am nächsten Nachmittag brachten die Mangusen auf einem Kastenwagen, vor dem siebzig Paar Ochsen gespannt waren, den glänzenden Köcher mit. Bars Mergen Baatur nahm einen Pfeil und schoß. Da traf der Pfeil das Mark des Steppengrases, und zwar so, daß das Steppengras

brannte. Dann kam der Pfeil zurück, erreichte seine rechte Hand und blieb zitternd liegen.
Als Charata Khan Köbün das alles sah, sprang er schnell in den Sattel und ritt fort. Aber Bars Mergen Baatur verfolgte ihn. Er holte ihn zu Hause ein und tötete ihn. Dann sagte er zu seiner älteren Schwester Zagan: »Du hast mich einmal getötet. Aber ich lasse dich am Leben!« So sprach Bars Mergen Baatur zu seiner älteren Schwester und stach ihr ein Auge aus und schlug ihr einen Arm ab.
Dann sammelte Bars Mergen Baatur den ganzen Reichtum des Charata Khan Köbüns ein und kehrte nach Hause zurück. Und er lebte glücklich weiter.
Eines Tages sagte Bars Mergen Baatur: »Ich gehe auf die Suche nach meinen Eltern.« Er machte sich auf den Weg. Unterwegs traf er einen Alten, der die Kühe austrieb. Die Kühe, von Bremsen gestochen, liefen in der Steppe auseinander. »Laßt euch vom dreiköpfigen Mus verschlingen!« schimpfte der Alte auf die Kühe. Bars Mergen Baatur half dem Alten, die Kühe zusammenzutreiben. »Es mögen sich alle deine Wünsche erfüllen, guter Mensch!« sagte der Alte sehr dankbar.
»Wo kommst du her?« fragte er Bars Mergen Baatur.
»Ich bin auf der Suche nach dem Verlorenen«, antwortete Bars Mergen Baatur.
»Hast du vielleicht was von Bars Mergen Baatur gehört?« fragte der Alte.
»Habe ich. Aber schon seit langer Zeit hört man nichts mehr von ihm«, sagte Bars Mergen Baatur.
»Das bedeutet, daß die ältere Schwester ihn getötet hat«, sagte der Alte und fügte hinzu: »Sie wurde von einer Schulmus-Hexe geboren, und Bars Mergen Baatur und seine jüngere Schwester Buhulung wurden von einer Himmelsgöttin geboren.« Bars Mergen Baatur setzte seinen Weg fort. Unterwegs traf er eine Alte, die Kälber nach Hause trieb. Aber die Kälber rannten spielend auseinander. Die Alte

war erschöpft, und Bars Mergen Baatur half ihr, die Kälber zusammenzutreiben. »Es mögen sich alle deine Gedanken erfüllen! Es mögen dich die Götter lieben!« sagte die Alte und fragte ihn: »Wo kommst du her?«

»Ich bin auf der Suche nach dem Verlorenen«, antwortete Bars Mergen Baatur. »Wer ist Euer Herr?« fragte er die Alte.

»Drei Musen-Brüder«, sagte die Alte.

»Hört man etwas von Bars Mergen Baatur?« wollte die Alte wissen.

»Nein, schon lange nicht mehr«, antwortete Bars Mergen Baatur.

»Zagan, die ältere Schwester, hat ihn getötet«, sagte die Alte. »Bars Mergen Baatur und seine jüngere Schwester Buhulung sind die Kinder einer Himmelsgöttin und Zagan ist die Tochter einer Schulmus-Hexe.«

Bars Mergen Baatur kehrte zu dem Alten und dessen Frau zurück und sagte zu ihnen: »Ich gehe zu den drei Musen-Brüdern und übernachte dort.« Und er ging zu den Musen. Die Musen schlachteten ein fettes Schaf und kochten gerade das Fleisch. Als das Fleisch fertig war, nahm es Bars Mergen Baatur aus dem Kessel heraus. Er ließ das hintere Teil des Schafes auf den Boden fallen. »Gebt das Teil dem alten Hirten«, sagte Bars Mergen Baatur. Er ließ auch das vordere Teil des Schafes auf den Boden fallen. »Gebt das Fleisch der Frau des alten Hirten«, sprach er. Nachdem er das Fleisch geteilt hatte, sagte er den Musen: »Ich gehe zum alten Hirten und bleibe dort. Ich war sehr lange unterwegs und deshalb ist mein Kopf verlaust und mein Körper sehr schmutzig.«

Und die Musen sagten: »Gehe und bleibe dort.«

Bars Mergen Baatur kam zu dem alten Hirten und seiner Frau und sagte: »Mein alter Vater und meine alte Mutter, macht ein Feuer.« Die Alten machten ein großes Feuer. »Mutter, streichelt mir meinen Rücken«, bat Bars Mergen

Baatur. Die Alte fing an, seinen Rücken zu streicheln. Sie sah dabei ein Muttermal auf dem Rücken, erkannte Bars Mergen Baatur und freute sich.
»Vater«, sagte Bars Mergen Baatur, »beeilt Euch nicht, am frühen Morgen aufzustehen«. Und er schlug vor der Tür eine große Schlucht.
Am nächsten Morgen kam ein Mus und schrie: »Du, Alter! Warum hast du die Kühe nicht zum Weiden getrieben? Du benimmst dich so, als ob Bars Mergen Baatur da wäre! Suchst du den Tod?« So schrie der Mus und wollte die Jurte betreten. In diesem Augenblick schlug ihm Bars Mergen Baatur den Kopf ab und stieß ihn in die Schlucht hinunter.
So tötete Bars Mergen Baatur auch die anderen Musen und deren Frauen. Aus dem Bauch der Frau des jüngeren Musen sprang ein acht Monate alter Junge heraus und kämpfte mit Bars Mergen Baatur. Der Kampf dauerte sehr lange, bis Bars Mergen Baatur endlich den Jungen besiegen und ihn töten konnte. »Meine zwei Flüche sollen dich erreichen!« flüsterte der Junge und starb.
Bars Mergen Baatur trieb das ganze Vieh zusammen und rief die Menschen aus dem Ort der Musen herbei und schickte sie zusammen mit dem Alten und seiner Frau fort. Später machte auch er sich auf den Weg. »An der Stelle, wo du übernachten wirst, stoße zuerst am Kopfende dein Schwert bis zum Griff in den Boden«, hatte ihm Buhulung einmal gesagt. Bars Mergen Baatur erinnerte sich an die Worte seiner Schwester, stieß sein Schwert bis zum Griff in den Boden und legte sich hin. Am nächsten Morgen stand Bars Mergen Baatur auf, zog sein Kleid an, sattelte das Pferd und zog sein Schwert aus dem Boden heraus. Plötzlich sah er, daß auf dem Schwert bis zum Griff ein riesiger gelber Mann aufgespießt war. Bars Mergen Baatur nahm den Mann und warf ihn weg. Er sprang in den Sattel und ritt fort.

In einem Ort übernachtete er. Am Morgen, als er erwachte, sah Bars Mergen Baatur einen riesigen Stier vor sich. Der Stier scharrte mit den Hufen und wollte mit Bars Mergen Baatur kämpfen. Und der Kampf fing an. Vom Morgen bis zum Mittag schüttelte Bars Mergen Baatur den Stier, ihn an seinen Hörnern packend, hin und her. Vom Mittag bis zum Abend schlug und warf der Stier Bars Mergen Baatur auf den Boden. Als die Nacht kam, ging der Stier zu den Kühen.

Einige Zeit später kamen zwei Jungen zu Bars Mergen Baatur und fragten ihn: »Habt Ihr Bars Mergen Baatur gesehen?«

»Ich bin Bars Mergen Baatur«, antwortete er.

»Und wir sind Eure Söhne, und wir sind gekommen, um Euch zu helfen. Was macht Ihr hier?« fragten die Jungen.

»Ich kämpfe hier mit einem Stier. Vom frühen Morgen bis zum Mittag besiegte ich ihn, aber vom Mittag bis zum Abend schlug er mich«, erzählte Bars Mergen Baatur.

Inzwischen, mit den Hufen scharrend, erschien der Stier. Bars Mergen Baatur und seine Söhne kämpften mit dem Stier und besiegten ihn.

»Es ist unmöglich, jemanden mit Wurzeln auszureißen!« sagte der Stier und starb.

Bars Mergen Baatur und seine Söhne kehrten nach Hause zurück und lebten lange und glücklich.

Nuscha-Mu, der rotznasige Junge

Es war vor vielen, vielen Jahren. Da lebte ein Alter mit seiner Frau. Sie hatten sehr viel Vieh und drei Söhne. Eines Tages wurde die Mutter krank. Die alte Frau spürte, daß ihre letzte Stunde gekommen war. Sie rief ihre drei Söhne und sagte ihnen: »Wenn ich sterbe, verteilt die Hälfte vom Habe und vom Vieh unter die Armen und macht einen Leichenschmaus.« So sagte die Alte und starb. Die Söhne begruben ihre Mutter, verteilten die Hälfte vom Habe und vom Vieh unter die Armen und machten einen Leichenschmaus.

Einige Zeit später wurde der Vater krank. Bevor er starb, sagte er seinen Söhnen: »Wenn ich sterbe, verteilt das ganze Vieh unter die Armen und macht einen Leichenschmaus. Danach sollt ihr drei Nächte hintereinander mein Grab bewachen.« So sprach der Alte und starb. Die Söhne schenkten das ganze Vieh den Armen und machten einen Leichenschmaus.

Die Nacht kam. Der jüngste Bruder Nuscha-Mu sagte: »Brüder, unser Vater bat uns, bevor er starb, drei Nächte sein Grab zu bewachen. Wer von uns geht als erster?«

»Du Dummkopf, was redest du? Wer bewacht schon die Toten?« schimpften die beiden Brüder. Aber Nuscha-Mu hörte nicht auf seine Brüder und ging zum Grab. Als er ankam, fragte der Vater: »Wer bist du?«

»Ich bin Nuscha-Mu«, antwortete der Junge.

»Na, dann leg dich schlafen und geh morgen früh nach Hause«, sagte der Alte. Nuscha-Mu legte sich auf das Grab des Vaters und ging bei der ersten Morgenröte nach Hause.

»Na, was hat der tote Alte für uns mitgegeben, was hat er dir gegeben?« Mit diesen Worten begrüßten die älteren Brüder Nuscha-Mu und verprügelten ihn.
Als die nächste Nacht kam, sagte Nuscha-Mu den Brüdern: »Heute muß einer von euch das Grab des Vaters bewachen.«
»Wer wird schon den toten Alten bewachen?« ärgerten sich die Brüder. Sie verprügelten Nuscha-Mu, gaben ihm nichts zum Essen und warfen ihn aus dem Haus. Nuscha-Mu rannte zum Grab seines Vaters.
»Wer bist du?« fragte ihn der Vater.
»Ich, Nuscha-Mu.«
»Warum kommen deine Brüder nicht? Was machen sie?« fragte der Vater.
»Sie kommen nicht. Sie beschimpften mich, als ich zu dir ging«, sagte Nuscha-Mu.
»Na, leg dich schlafen und geh morgen früh nach Hause«, befahl der Vater. Am nächsten Tag, als Nuscha-Mu nach Hause kam, verprügelten ihn die Brüder wieder.
Als die dritte Nacht kam, drängte Nuscha-Mu seine Brüder: »Das ist die letzte Nacht, in der wir das Grab des Vaters bewachen sollen. Geht einer von euch dorthin?«
»Was bist du für ein Mensch? Was drängst du!« riefen die Brüder und prügelten Nuscha-Mu. Und Nuscha-Mu ging allein zum Grab des Vaters.
»Wer bist du?« fragte der Vater.
»Ich bin Nuscha-Mu.«
»Und wo sind deine Brüder, warum sind sie nicht gekommen?«
»Sie werden nicht hierherkommen, sie haben mich fast umgebracht«, erzählte traurig Nuscha-Mu.
»Wenn das so ist, dann sollst du dein Glück von mir haben«, seufzte der Vater und gab Nuscha-Mu drei Haare. Ein Haar war schwarz, das andere war grau und das dritte war orangefarben.

»Wenn du das schwarze Haar verbrennst, dann kommt ein schwarzes Pferd zu dir. Es wird schon aufgezäumt und gesattelt sein. Und am Sattel findest du eine Tasche, in der eine Waffe steckt und die voll von schöner Kleidung sein wird«, sprach der Alte. »Wenn du das graue Haar verbrennst, dann kommt ein graues Pferd zu dir. Sein Zaum und sein Sattel werden schöner sein, und auch die Kleider und die Waffe werden kostbarer sein als bei dem schwarzen Pferd«, fuhr der Vater fort. »Wenn du das orangefarbene Haar verbrennst, dann kommt ein fliegendes Pferd zu dir. Es wird schon aufgezäumt und gesattelt sein. Und bei ihm findest du eine Waffe und Kleidung. Die werden noch schöner und noch kostbarer sein als bei dem ersten Pferd.« Nuscha-Mu nahm die Haare und lief nach Hause, aber seine Brüder schlugen ihn und warfen ihn aus dem Haus.

Einige Zeit später hörten die Brüder, daß am Hofe des Khans Brautwerbungswettkämpfe stattfinden. Die Brüder spannten den Ochsen vor den Wagen und machten sich auf den Weg. Nuscha-Mu bat seine Brüder: »Nehmt mich auch mit.« Aber die Brüder ärgerten sich: »Was denkst du dir da aus! Wer wird dich schon mitnehmen! Du hast dort nichts zu suchen. Bleib zu Hause, iß deinen schwarzen Budan und mach den Filzteppich fertig!«

Nachdem seine Brüder weg waren, zog Nuscha-Mu schnell seine Hanfhose und das Schaffell aus und verbrannte das schwarze Haar und ein wunderschönes schwarzes Pferd lief auf ihn zu. Es war schon aufgezäumt und gesattelt. In der Satteltasche fand Nuscha-Mu ein Kleid und eine Waffe. Nuscha-Mu sprang in den Sattel, und ein Lied singend überholte er bald seine Brüder, die ihn aber nicht erkannten.

»Eine von den drei Töchtern des Khans wird ihm gehören«, sprachen die Brüder untereinander.

Nuscha-Mu kam zum Khan und stieg vom Pferd. Dort

hatten sich schon viele Menschen versammelt. Und alle bestaunten das Pferd und den Reiter. Nuscha-Mu erkundigte sich bei den Leuten nach der jüngsten Tochter des Khans. »Ja, sie wird auch dasein«, sagten die Menschen. Und das Mädchen kam. »Morgen komme ich auf einem grauen Pferd, und übermorgen komme ich mit einem fliegenden Pferd hierher«, so sprach Nuscha-Mu zum Mädchen. »Und dann komme ich auf einem Wagen, vor dem ein Ochse gespannt ist. Ich werde eine Hanfhose und ein altes Schaffell tragen und mich in der Menschenmenge verstecken. Und du holst mich da heraus.«

Das Mädchen war einverstanden. Nuscha-Mu sprang auf sein Pferd und galoppierte davon. Er kam zum Ende des Chotons, schnitt ein Stück Pferdehaar ab und ließ das Pferd frei. Dann zog er seine Hanfhose und das alte Schaffell an und ging nach Hause. Später kamen seine Brüder.

»Da war ein Mann mit einem schwarzen Pferd. Er ähnelte dir. Wir fühlten uns fast zu Tode beleidigt, aber jetzt sehen wir, daß es dafür keinen Grund gab«, so erzählten die beiden und machten sich über Nuscha-Mu lustig.

Am nächsten Tag spannten die Brüder den Ochsen vor den Wagen und fuhren zum Khan. »Nehmt mich mit, ich möchte auch den Mann sehen«, bat Nuscha-Mu seine Brüder. »Solche wie du haben nichts bei Brautwerbungswettkämpfen zu suchen. Du bleibst zu Hause und trinkst deinen Budan!« lachten die Brüder und fuhren los.

Als die Brüder weg waren, verbrannte Nuscha-Mu das graue Haar. Und ein graues Pferd kam zu ihm. Es war schon aufgezäumt und gesattelt, und in der Satteltasche war ein Kleid und eine Waffe. Nuscha-Mu zog seine alten Sachen aus, sprang in den Sattel und bald, ein Lied pfeifend, überholte er seine Brüder. »Von den drei Töchtern des Khans werden eine dem gestrigen Reiter und eine diesem gehören«, meinten die Brüder.

Nuscha-Mu kam zum Khan und saß vom Pferd ab. Viele

Menschen waren da und alle wußten nicht, wen sie zuerst bewundern sollten, das Pferd oder den Reiter.
Nuscha-Mu kam nach Hause zurück. Er nahm ein Pferdehaar und ließ das Pferd frei. Und er selbst legte sich im Schatten der Jurte hin. Als er so dalag, kamen seine Brüder zurück. »Armer Nuscha-Mu, wenn du den gestrigen und den heutigen Reiter mit ihren Pferden gesehen hättest, würdest du dich vor Neid zu Tode ärgern«, sagten die Brüder lachend. Am nächsten Tag machten sich die Brüder wieder auf den Weg. Nuscha-Mu wollte auch mitgehen, aber seine Brüder weigerten sich, ihn mitzunehmen.
Nuscha-Mu ging aus dem Haus und verbrannte das orangefarbene Haar. Und aufgezäumt, gesattelt und mit einem Kleid und einer Waffe in der Satteltasche kam ein fliegendes Pferd zu ihm. Nuscha-Mu machte sich auf den Weg, und sehr bald holte er seine Brüder ein. »Die drei Töchter des Khans werden diesen drei Männern gehören«, sagten die beiden Brüder zueinander.
Nuscha-Mu stieg vor der Jurte des Khans vom Pferd ab. Alle bestaunten den schönen Mann und sein schönes Pferd.
Einige Zeit später kam Nuscha-Mu nach Hause zurück. Er schnitt einige Pferdehaare ab und ließ das Pferd frei. Bald kamen die Brüder, und wieder machten sie sich über Nuscha-Mu lustig: »Der arme Nuscha-Mu, wenn er die drei Männer sehen könnte, er würde vor Neid sterben!«
Der nächste Tag war der letzte Tag der Brautwerbung und die Brüder fuhren wieder hin. Nuscha-Mu folgte seinen Brüdern. Und so kamen sie zu dritt zum Khan. Der Khan ließ alle Freier zusammenholen und Aufstellung nehmen und sagte zu seinen Töchtern: »Sucht euch eure Ehemänner aus!«
Die zwei ältesten Töchter nahmen schöne Männer in schönen Kleidern, und die jüngste Tochter suchte sich Nuscha-Mu in seiner Hanfhose und in seinem alten Schaffell aus.

Der Khan baute für seine ältesten Töchter mit ihren schönen Männern zwei Paläste. »Du hast dir einen schmutzigen, unglücklichen und elenden Mann ausgesucht«, sagte der Khan unzufrieden zu seiner jüngsten Tochter und gab ihr eine Dsholom.

Einige Zeit später zog der Khan in den Kampf und nahm seine beiden Schwiegersöhne mit. »Du hast dir so einen schlechten Mann genommen. Wenn du dir einen guten Mann genommen hättest, würde ich auch ihn mitnehmen«, sagte der Khan zu seiner jüngsten Tochter.

Nachdem der Khan in den Kampf gezogen war, hatte seine Frau den Traum, daß sein Heer geschlagen und der Khan selber schwer verwundet war. Die Frau des Khans ging zu Nuscha-Mu und bat ihn: »In der Nacht träumte mir, daß das Heer des Khans geschlagen war und er selber schwer verwundet sei. Obwohl der Khan nicht weiß, daß du ein guter Mensch bist, so weiß ich es doch. Geh und hilf dem Khan! Nuscha-Mu hörte der Frau zu, suchte ein räudiges Pferd aus, machte einen Zaum aus Seilen und ging fort. Am Ende des Chotons ließ Nuscha-Mu sein räudiges Pferd nach Hause laufen. Als die Leute das Pferd wiedersahen, sagten sie: »Nuscha-Mu, der dem Khan helfen wollte, ist tot.«

Inzwischen verbrannte Nuscha-Mu das schwarze Pferdehaar und schon kam aufgezäumt und gesattelt mit der Waffe und dem Kleid in der Satteltasche das schwarze Pferd zu ihm gelaufen. Schnell zog Nuscha-Mu die alten Sachen aus, versteckte sie und machte ein Zeichen an dieser Stelle, um den Ort wiederzufinden, sprang in den Sattel, ritt zum Schlachtfeld und legte sich zwischen den Kämpfenden hin. Als er so dalag, kam der Khan zu ihm gerannt. »Hilf mir! Ich bin verwundet und sterbe!« Nuscha-Mu schwang sich aufs Pferd, nahm sein Schwert und begann, auf die Feinde von links nach rechts und von oben nach unten einzuschlagen. Plötzlich bemerkte Nuscha-

Mu, daß er am Arm verwundet war. »Das Blut fließt«, sagte er, »womit kann ich meine Wunde verbinden?« Der Khan verband die Wunde mit einem Stück von seinem schwarzen Seidenkleid. Nuscha-Mu versteckte das Seidenstück, ritt zurück zum Choton, riß ein Pferdehaar aus und ließ das Pferd frei. Dann zog Nuscha-Mu sein altes Schaffell und die Hanfhose an und ging nach Hause.

Einige Zeit später kam der Khan nach Hause zurück und wurde krank. Um gesund zu werden, mußte der Khan Brühe vom Fleisch einer Oon-Sajga-Antilope trinken. Der Khan schickte die beiden schönen Schwiegersöhne auf die Suche nach dem Oon-Sajga. Die Schwiegersöhne sattelten die schönsten Pferde und gingen auf die Suche nach dem Oon-Sajga.

Die Frau des Khans wußte, daß die Schwiegersöhne es nicht schaffen würden, den Oon-Sajga zu fangen. Sie kam zu Nuscha-Mu und sagte: »Die beiden werden keinen Oon-Sajga fangen. Geh du!« Nuscha-Mu holte wieder das räudige Pferd. Er machte aus einem Seil einen Zaum, aus einem alten zerrissenen Filzstück einen Sattel und aus einer breiten Stoffschnur den Sattelgurt. Dann sprang er auf das Pferd und ritt los. Als er weit weg vom Choton war, stach er das Pferd mit einer scharfen Nadel und ließ es nach Hause laufen. Die Menschen aus dem Choton sahen das Pferd und sagten: »Oh! Nuscha-Mu, der auf die Suche nach einem Oon-Sajga ging, ist tot.«

Nuscha-Mu verbrannte das graue Pferdehaar und sofort kam zu ihm das graue Pferd, aufgezäumt, gesattelt und mit dem Kleid und der Waffe in der Satteltasche. Nuscha-Mu zog seine alten Sachen aus, versteckte sie und machte dort ein Zeichen. Dann galoppierte er fort und holte bald die beiden Schwiegersöhne des Khans ein. Die beiden Männer, ohne den Oon-Sajga fangen zu können, ritten in der Steppe herum. Nuscha-Mu nahm seinen Bogen in die Hand und sprach: »Es möge das äußere Fleisch Gift sein und das innere Fleisch möge Heil bringen«, und schoß auf den Oon-Sajga und tötete ihn. Die beiden Schwiegersöhne des Khans kamen zu Nuscha-Mu und erzählten ihm: »Wir sind auf der Suche nach einem Oon-Sajga, weil unser Khan, um gesund zu werden, die Brühe aus dem Fleisch von einem Oon-Sajga trinken muß. Verkaufe uns deinen Oon-Sajga.«

»Gut«, antwortete Nuscha-Mu, »aber dafür gibt mir einer von euch eine seiner kleinen Zehen und der andere ein Ohrläppchen.« Den beiden blieb nichts weiter übrig, und einer gab dem Nuscha-Mu seine kleine Zehe und der andere sein Ohrläppchen. So bekamen die beiden den Oon-Sajga und kehrten nach Hause zurück. Sie kochten die Fleischbrühe und gaben sie dem Khan. Der Khan trank die Brühe und wurde noch kränker.

Inzwischen riß Nuscha-Mu hinter dem Choton dem Pferd ein Haar aus und ließ es frei. Dann zog er sein altes Schaffell an und ging nach Hause. Er brachte die Innereien des Oon-Sajga mit und kochte sie. Als sie fertig waren, sagte Nuscha-Mu zu seiner Frau: »Fülle damit die Schale und bringe sie zum Khan. Der Khan wird bestimmt sagen: ›Ah, ah! Die Innereien des Oon-Sajga, den meine beiden Schwiegersöhne mitgebracht und gekocht haben!‹ Und du wirst sagen: ›Das, was ich mitgebracht habe, wird kein Gift für Euch sein!‹ Du sagst das und schüttest dann die Schale mit dem Essen vor der Tür aus. Und dann nimmst du die Schale mit und kommst nach Hause.«

»Ah!« sagte der Khan, als er seine Tochter mit dem Essen sah. »Die Innereien des Oon-Sajga, den meine schönen Schwiegersöhne mitgebracht und gekocht haben!«

»Das Essen, das ich mitgebracht habe, wird kein Gift für Euch sein«, sagte die Tochter des Khans, schüttete das Essen aus der Schale vor die Tür und ging nach Hause. Als die Tochter weggegangen war, stand der Khan auf und dachte: »Ob ich vielleicht ein Stückchen koste?« Und er nahm ein Stück Fleisch und aß es. Es schmeckte ihm sehr, und der Khan aß das ganze Fleisch auf und wurde gesund. Die Zeit verging. Eines Tages rief der Khan seine zwei Schwiegersöhne und erzählte ihnen: »Schon seit vielen Jahren lebt hier bei uns eine Stute, die jede Nacht ein Fohlen zur Welt bringt. Wenn ihre Zeit kommt, läuft die Stute in die menschenleere Steppe und fohlt dort. Das Fohlen wird gleich nach der Geburt von einer riesigen schwarzen Wolke zum Himmel gezogen. Bringt mir das Fohlen der Stute mit, bevor es die schwarze Wolke nehmen kann.«

In der Nacht gingen die beiden Schwiegersöhne in die Steppe. Dort sahen sie die Stute, die gerade fohlte. Gleich darauf kam eine riesige schwarze Wolke und griff das Fohlen an seiner Mähne und am Schweif und hob es nach oben. Die beiden Männer schossen auf die Wolke, doch ohne Erfolg. Und so kamen sie ohne Fohlen zurück.

Am nächsten Tag sagte die Frau des Khans: »Schickt doch zum Spott Nuscha-Mu, er soll das Fohlen bringen!«

»Wenn meine Schwiegersöhne es nicht geschafft haben, das Fohlen zu bringen, dann schafft Nuscha-Mu es auch nicht«, antwortete der Khan. Aber die Frau des Khans holte das räudige Pferd, machte aus einem Seil einen Zaum, aus einem alten Filzstück einen Sattel und aus einer breiten Stoffschnur einen Sattelgurt, setzte Nuscha-Mu auf das Pferd und schickte ihn fort.

Als Nuscha-Mu weit weg vom Choton war, ließ er sein räudiges Pferd nach Hause laufen, und er selber verbrannte das orangefarbene Pferdehaar. Da kam das fliegende Pferd, es war schon aufgezäumt und gesattelt, und in der Satteltasche fand Nuscha-Mu das Kleid und die Waffe. Nuscha-Mu zog seine alte Hanfhose und das Schaffell aus, versteckte sie, machte sich dort ein Zeichen, schwang sich aufs Pferd und galoppierte in die Steppe, dorthin, wo die Stute war. Bald darauf brachte die Stute ein Fohlen zur Welt und wieder griff eine riesige schwarze Wolke das

Fohlen an seiner Mähne und am Schweif und versuchte, es nach oben zu ziehen. Aber in diesem Augenblick schoß Nuscha-Mu auf sie. Plötzlich fiel ein Feuerball herunter, so groß wie eine Faust. Nuscha-Mu nahm den Feuerball und sah einen goldenen Ring, der auf seinen kleinen Finger paßte. Nuscha-Mu steckte den Ring in die Tasche und kehrte zurück. Hinter seinem Choton riß Nuscha-Mu dem Pferd ein Haar aus und ließ es frei. Dann zog er seine alten Sachen an und kam nach Hause. Er versteckte den Ring bei seiner Frau und erzählte niemandem davon.

Die Zeit verging. Der Khan ließ seine schönen Schwiegersöhne holen und sagte ihnen: »Die Wolke nahm sehr viele Fohlen mit. Jetzt muß der Himmel voll von Herden sein, und ihr sollt alle Herden vom Himmel nach Hause treiben.«

Die beiden Männer gingen, um die Herden vom Himmel nach Hause zu bringen. Aber die Frau des Khans wußte, daß die beiden es nicht schaffen würden, die Aufgabe zu erfüllen. Und sie bat den Khan: »Vielleicht schickt Ihr auch Nuscha-Mu, selbst wenn er kein einziges Pferd nach Hause bringt, laßt es ihn trotzdem versuchen.«

»Ah, Nuscha-Mu«, sagte der Khan, »da muß er lange warten, bevor er in den Himmel geht und meine Herden mitbringt!« Aber die Frau des Khans schickte Nuscha-Mu trotzdem. Nuscha-Mu holte wieder das räudige Pferd und machte sich auf den Weg. Nach einiger Zeit ließ er das Pferd nach Hause laufen und verbrannte das orangefarbene Pferdehaar. Und im Nu, schon aufgezäumt und gesattelt, mit dem Kleid und der Waffe in der Satteltasche, kam das fliegende Pferd zu ihm. Nuscha-Mu tauschte die Kleider, schwang sich aufs Pferd und flog ganz hoch in den Himmel. Die beiden schönen Schwiegersöhne blieben weit unten. Sie sahen den fliegenden Nuscha-Mu und beschlossen: »Das ist kein edler Mensch, das muß Nuscha-Mu sein. Wir schaffen es sowieso nicht, zum

Himmel zu kommen, deshalb werden wir warten, bis er nach unten kommt. Und dann werden wir ihm die Herden wegnehmen.«

Nuscha-Mu kam zum Himmel. Dort sah er einen großen weißen Palast. Hinter dem Palast konnte man ein große Pferdeherde sehen. Nuscha-Mu ging in den Palast und sah eine Frau, die ein blutiges Hemd wusch.

»Wem gehört das Hemd? Wessen Blut ist das?« fragte Nuscha-Mu die Frau.

»Jede Nacht brachte mein Mann ein Fohlen von unten mit. Aber in dieser Nacht schoß jemand auf ihn und der Pfeil riß einen seiner kleinen Finger ab«, antwortete die Frau.

»Wo ist Euer Mann jetzt?« fragte Nuscha-Mu.

»Er ist zu Hause und schläft«, sagte die Frau.

Nuscha-Mu ging weiter und sah einen Mann, dem ein kleiner Finger fehlte. Der Mann schlief. Nuscha-Mu nahm sein Schwert und tötete den Mann. Dann trieb er die ganze Herde zusammen und ging.

Als Nuscha-Mu zurück auf die Erde kam, sah sein Pferd eine weiße Jurte und das Pferd sagte zu Nuscha-Mu: »Geh nicht in das Haus hinein, denn dort wartet ein Unglück auf dich. Aber wenn du trotzdem hineingehst, gehe nicht an der Truhe vorbei.«

Nuscha-Mu war lange unterwegs gewesen, er war durstig und hungrig, und er ging in das Haus. Vor der Truhe war ein weißer Teppich ausgebreitet, auf dem Teppich sah Nuscha-Mu viel zum Essen und zum Trinken. Unter dem Teppich war eine neunundneunzig Alden tiefe Grube, die die zwei Schwiegersöhne des Khans ausgehoben hatten, um Nuscha-Mu zu töten. Kaum hatte Nuscha-Mu den Teppich betreten, da fiel er sogleich in die neunundneunzig Alden tiefe Grube. Der Aufprall war so stark, daß sich Nuscha-Mu dabei sein Wadenbein in der Mitte brach.

»Es ist Zeit, die Jurte abzubauen«, entschieden die beiden Schwiegersöhne des Khans. Sie nahmen die Jurte ausein-

ander, trieben die Herde zusammen und machten sich auf den Weg nach Hause.
Als Nuscha-Mu darüber nachdachte, wie er wohl aus der Grube herauskomme, sah er plötzlich eine Ameise, die auch ein gebrochenes Wadenbein hatte. Die Ameise fand einen Grashalm und rieb sich damit die kranke Stelle. Das Bein heilte, und die Ameise kroch aus der Grube heraus.
»Das will ich auch versuchen«, sagte sich Nuscha-Mu und nahm den Grashalm. Er rieb sich damit das gebrochene Wadenbein, und wie bei der Ameise wurde auch sein Bein gesund.
»Aber wie komme ich aus der Grube heraus?« fragte sich Nuscha-Mu. Plötzlich kam ein Wolf mit einem neunundneunzig Alden langen Schwanz und blieb neben der Grube stehen. Sein Schwanz fiel in die Grube hinunter. Nuscha-Mu griff den Schwanz und zog sich daran heraus. Er sprang in den Sattel und ritt zum Choton. In der Nähe des Chotons riß er ein Pferdehaar aus und ließ sein Pferd frei. Er zog seine alten Sachen an und ging nach Hause. Dann holte er das schwarze Seidenstück aus dem Versteck und legte es mit dem goldenen Ring in die Tür seines Hauses. Der Khan sah das Licht vom Ring und schrie: »Ah! Das Haus von Nuscha-Mu brennt! Lauft schnell und rettet meine Tochter!«
Aber das Licht brannte weiter. »Wenn das ein Feuer gewesen wäre, dann wäre das Haus jetzt schon verbrannt. Was könnte das sein?« überlegte der Khan. Er schlich sich zum Haus von Nuscha-Mu, schaute hinein und sah den leuchtenden Ring. Neben dem Ring sah der Khan auch das schwarze Seidenstück, mit dem er einmal den Arm eines Jungen verbunden hatte. Und so erkannte der Khan in dem Jungen, der ihm auf dem Schlachtfeld geholfen hatte, Nuscha-Mu.
Der Khan lief schnell nach Hause. Dort bereitete der Khan, selbst nichts essend, ein Essen zu. Er deckte den

Tisch, selbst nicht sitzend, und schickte jemanden, um Nuscha-Mu zu holen. Aber Nuscha-Mu kam nicht. Ein zweites Mal ließ der Khan Nuscha-Mu rufen, und wieder kam er nicht. Erst als der Khan ihn ein drittes Mal rufen ließ, zog Nuscha-Mu sein kostbares und schönes Kleid an und kam zum Khan. Der Khan setzte ihn auf den besten Platz und reichte ihm selbst das Essen. So gab der Khan für Nuscha-Mu ein großes Fest.

Dann sagte Nuscha-Mu: »Ihr wart einmal in Not, und ein Junge mit einem schwarzen Pferd hat Euch geholfen. Erinnert Ihr Euch daran?«

»Ja, ich erinnere mich daran«, antwortete der Khan.

»Habt Ihr dem Jungen eine Wunde mit einem schwarzen Seidenstück verbunden?«

»Ja, das habe ich getan.«

»Der Junge war ich, und das schwarze Seidenstück ist hier«, sagte Nuscha-Mu und holte das Seidenstück hervor. »Als Ihr nach der Schlacht nach Hause kamt, wurdet Ihr krank. Um gesund zu werden, solltet Ihr die Brühe vom Fleisch eines Oon-Sajga trinken, und Ihr habt Eure guten Schwiegersöhne geschickt, um einen Oon-Sajga zu fangen. Und dann, um mich lächerlich zu machen, habt Ihr mich geschickt.«

»Ja, das stimmt.«

»Eure guten Schwiegersöhne haben es nicht geschafft, ein Oon-Sajga zu fangen, und sie kauften das Fleisch bei mir. Für den Oon-Sajga erbat ich von dem einen eine seiner kleinen Zehen und vom anderen eines seiner Ohrläppchen. Und sie gaben sie mir. Die Zehe und das Ohrläppchen sind hier. Falls Ihr glaubt, daß ich lüge, dann laßt die beiden rufen«, sagte Nuscha-Mu.

Die beiden Schwiegersöhne kamen. Und als der eine seine Fellmütze abnahm, da sahen alle, daß ihm ein Ohrläppchen fehlte. Und als der andere seine Stiefel auszog, sahen alle, daß ihm eine kleine Zehe fehlte.

Nuscha-Mu erzählte weiter: »Als ich mit der Herde vom Himmel unterwegs war, haben mich die beiden überlistet und stießen mich in eine neunundneunzig Alden tiefe Grube.« Nuscha-Mu zeigte den goldenen Ring, und so beendete er seine Erzählung von den bösen Taten der beiden Schwiegersöhne.

Der Khan bestrafte die beiden und jagte sie fort. Nuscha-Mu nahm die zwei Töchter des Khans für seine Brüder mit und lebte weiterhin glücklich.

Aman Zagan und sein geschecktes Pferd Aschn-Alg

Es war vor vielen, vielen Jahren. Im Lande des Khans gab es ein Choton. Dort lebte ein armer Mann mit seiner Frau. Sie hatten einen grauen, dreibeinigen Ochsen und einen Jungen in einer eisernen Wiege. Eines Tages ging im ganzen Land des Khans das Gerücht um, daß ein fünfzehnköpfiger Mus gekommen sei, um alle Menschen des Landes zu fressen. Deshalb verließen alle Bewohner aus Angst das Choton. Der Alte lud dem dreibeinigen Ochsen die eiserne Wiege mit dem Jungen auf, aber der Ochse bewegte sich nicht. Der Alte nahm die Jurte vom Ochsen herunter, aber trotzdem bewegte sich der Ochse nicht von der Stelle. Verzweifelt versteckten der Alte und seine Frau die eiserne Wiege mit dem Jungen in einer Felsenspalte und verließen zusammen mit den letzten Hirten den Ort.

In dem verlassenen Choton war ein Fohlen, das seine Mutter verloren hatte, zurückgeblieben. Das Fohlen kam und begann mit dem Huf die eiserne Wiege des Jungen zu stoßen. »Wenn du ein Mensch aus Fleisch und Blut bist, dann komme hierher«, sagte der Junge, »wenn du aber ein grasfressendes Tier bist, dann geh fort.«

Aber das Fohlen stieß weiterhin sacht mit dem Huf gegen die eiserne Wiege. »Das ist bestimmt ein grasfressendes Tier«, dachte der Junge und zerbrach mit einem Fußtritt die eiserne Wiege und stieg heraus. Da sah er ein geschecktes Fohlen. Der Junge fing das Fohlen, drehte aus Stoffresten und Seilfetzen einen Strick, den er dem Fohlen um den Hals band, und ritt mit dem Fohlen fort. Unterwegs

fragte der Junge: »Aus dem ganzen Choton sind nur du und ich übriggeblieben. Wohin gehen wir jetzt?«
Da sagte das gescheckte Fohlen zu dem Jungen: »Ich werde versuchen, dich dreimal abzuwerfen. Wenn du nicht herunterfällst, dann wirst du mein Herr. Aber wenn du das nicht schaffst, dann bist du nicht mein Herr.« Der Junge war einverstanden. Dreimal versuchte das Fohlen, den Jungen abzuwerfen, aber der Junge saß fest auf ihm. »Du bist doch mein Herr«, sagte das Pferd. Der Junge sprang vom Pferd. Er fand einen Zaum und einen Sattel, die von den geflohenen Menschen zurückgelassen worden waren, sattelte damit sein Pferd und ritt fort.
Niemand weiß, wie lange sie unterwegs waren, bis sie einen Brunnen erreichten. Der Brunnen war aus Gold. Da sagte der Junge zum Pferd: »Man wird mich fragen, wie ich heiße. Aber ich habe keinen Namen. Du mußt mir einen Namen geben.«
»Du bist der Herr und ich bin nur ein grasfressendes Tier. Suche dir selbst einen Namen aus«, antwortete das Pferd.
»Ich werde mich Aman Zagan nennen und dich Aschn-Alg, das gescheckte Pferd«, sagte der Junge.
Aman Zagan ließ sein Pferd beim goldenen Brunnen weiden und fing selber zwei Marale, die in der Nähe des Brunnens weideten, und schlachtete sie. Nachdem er ihr Fleisch gebraten hatte, schlief er ein.
Nicht weit vom Brunnen war ein weißer, mit edlen Steinen geschmückter Turm. In diesem Turm lebte zusammen mit einer Dienerin eine Tochter des Khans, die keinen passenden Mann hatte finden können. Die Dienerin ging zum Brunnen, um Wasser zu holen. Als sie zum Brunnen kam, sah sie einen Jungen und das Pferd. »Was für ein Mensch und was für ein Pferd sind das?« dachte das Mädchen voller Angst. Dann suchte das Mädchen die zwei Marale, aber sie fand sie nicht.
»Wo bist du so lange gewesen?« fragte die Tochter des

Khans. Da erzählte die Dienerin: »Neben dem Brunnen schläft ein Mann, und sein Pferd ist auch da. Der Mann hat Eure zwei Marale getötet und ihr Fleisch gebraten.« Die Tochter des Khans wurde böse: »Was für ein Mensch wagt es, mir das anzutun!« Sie griff einen schwarzen Dolch und eilte zum Brunnen. Die Tochter des Khans wollte Aman Zagan töten. Sie hatte schon den Dolch zum Stoß erhoben, aber plötzlich wurde ihr rechter Arm steif. Das Mädchen beschloß, so lange zu warten, bis der Junge aufwachte.
Aman Zagan stand auf, nahm das gebratene Fleisch und fing an zu essen. Das sah er das Mädchen und dachte: »Diese Marale gehörten einmal ihr. Was wird sie tun, wenn ich ihr ein Stück vom Fleisch gebe?« Aman Zagan schnitt ein rundes Stück Fleisch ab und gab es dem Mädchen. Die Tochter des Khans aß das Fleisch. Einige Zeit später sagte sie zum Jungen: »Kommt zu uns. Ihr werdet unser Gast sein.« Aber Aman Zagan gab ihr keine Antwort. Und so, ohne eine Antwort zu erhalten, ging die Tochter des Khans nach Hause.
Einige Zeit später sattelte Aman Zagan sein Pferd und machte sich auf den Weg. »Ah! Die Tochter des Khans hat mich zu sich eingeladen«, erinnerte sich Aman Zagan und ritt zum Mädchen. Als er bei der Tochter des Khans ankam, da freute sich das Mädchen sehr und gab für Aman Zagan ein großes Fest.
Am nächsten Tag wollte Aman Zagan seinen Weg fortsetzen, aber die Tochter des Khans sagte zu ihm: »Wer einmal hier übernachtet hat, der muß auch die zweite Nacht bleiben.« Und der Junge blieb beim Mädchen drei Tage und drei Nächte. »Wer dreimal übernachtet hat, der muß für immer hierbleiben«, sagte das Mädchen zu dem Jungen. Aman Zagan beriet sich mit seinem Pferd und nahm die Tochter des Khans zur Frau.
Die Dienerin schrieb dem Khan einen Brief. »Eure Tochter heiratet einen Schwätzer«, schrieb sie und schickte

heimlich den Brief ab. Der Khan las den Brief und ärgerte sich sehr. Dann beschloß er, seine Tochter zu besuchen. Die Tochter des Khans sah den Vater kommen und bat ihren Mann: »Aman Zagan, mein Vater kommt. Geh und empfange ihn.« Aman Zagan sprang auf sein Pferd und ritt seinem Schwiegervater entgegen. Als der Khan seinen Schwiegersohn sah, freute er sich sehr, weil der Junge ihm gefiel. Er rief die Dienerin und fragte sie: »Warum hast du mich angelogen?« Das Mädchen antwortete: »Damit Ihr schneller hierherkommt.« Man hielt ein großes Fest ab. Danach ging der glückliche Khan nach Hause.

Die Zeit verging. Da rief eines Nachts plötzlich eine Stimme um Mitternacht: »Aman Zagan, dein Haus brennt!« Aman Zagan lief aus dem Haus und rannte zu seinem Pferd. Aschn-Alg sah ihn und wieherte. Danach suchte Aman Zagan seine Frau, aber die Tochter des Khans war verschwunden. Er suchte vergeblich nach ihr.

Verzweifelt ging Aman Zagan zum Khan. Er erzählte dem Khan von seinem Unglück.

»Suche nicht nach deiner Frau«, sagte der Khan, »sei mein Sohn und bleibe hier.«

Aman Zagan war damit nicht einverstanden. »Nein«, antwortete er, »denn man sagt: Ein gesatteltes Pferd muß unterwegs sein, der verheiratete Mann muß bei seiner Frau sein.« So sprach er und machte sich auf die Suche nach seiner Frau.

Niemand weiß, wie lange er unterwegs war. Eines Tages kam Aman Zagan zu einem Brunnen. Er ließ sein Pferd weiden und er legte sich hin, um zu ruhen. Da kam ein Mädchen mit zwei goldenen Krügen zum Brunnen. Aman Zagan begrüßte das Mädchen und fragte es: »Wem dienst du? Wessen Dienerin bist du?«

»Ich bin die Dienerin von der neuen Frau des Tögä Büs, der diese Frau aus dem Lande des Sonnenaufganges mitbrachte. Die Frau ist sehr launisch. Wenn man viel Wasser auf ihre Hände gießt, sagt sie, es sei zuviel. Aber wenn man wenig Wasser auf ihre Hände gießt, sagt sie, es sei zu wenig. Es ist schwer, sie zufriedenzustellen«, erzählte das Mädchen. Aman Zagan hörte ihm zu und bat es: »Beim nächsten Mal wirst du das Wasser zuerst langsam auf ihre Hände gießen, und dann schüttest du plötzlich das ganze Wasser aus.« Und Aman Zagan nahm von der Dienerin einen Krug mit Wasser, als ob er durstig wäre. Heimlich ließ er einen goldenen Ring in den Krug fallen. Das Mädchen versprach Aman Zagan, es so zu machen, wie er es gesagt hatte, und ging nach Hause.

Das Mädchen tat, wie der Aman Zagan ihr geraten. Erst goß sie langsam das Wasser über die Hände der Frau des Tögä Büs, dann schüttete sie plötzlich das ganze Wasser aus dem Krug. Der Ring, der auf dem Boden des Kruges lag, fiel heraus. Die Frau des Tögä Büs ergriff den Ring und lief schnell zum Brunnen. Dort saß Aman Zagan. Sie sah ihn und erkannte ihn. »Warum bist du hierhergekommen? Was machst du hier?« fragte sie Aman Zagan und nahm ihn mit in ihr Haus. Aman Zagan ging mit der Frau, machte im Boden ein riesiges Loch, setzte sich und wartete auf Tögä Büs. Einige Zeit später erschien der Tögä Büs und sagte: »Pfui! Hier stinkt es nach Mistwürmern!« Die Frau antwortete: »Wer kann schon in Euer Land kommen außer Euch! Kommt und setzt Euch, das Essen wird kalt!« Tögä Büs hörte seine Frau und betrat die Jurte. Aman Zagan beobachtete ihn und schlug ihm den Kopf ab! Dann stieß Aman Zagan den toten Tögä Büs in das Loch hinein.

Nachdem er Tögä Büs getötet hatte, nahm Aman Zagan seine Frau mit, und mit den Worten: »Es möge mich sein Fluch nicht erreichen!« zog er das Kleid des Tögä Büs an und ging zu dessen Vater.

Der Vater des Tögä Büs sah seinen Sohn, freute sich und gab ein großes Fest. Es kam die Zeit, schlafen zu gehen. »Ich hatte so eine Sehnsucht nach meinem Vater und deshalb werde ich heute nacht bei ihm bleiben«, sagte Aman Zagan. In der Nacht stand Aman Zagan auf und tötete den Vater des Tögä Büs. Und so tötete er auch den älteren Bruder des Tögä Büs. Dann nahm Aman Zagan das ganze Vieh und den Reichtum des Tögä Büs und kehrte mit seiner Frau zurück. Und er lebte lange und glücklich.

Der Schlangenjunge

Vor vielen, vielen Jahren lebten ein Alter und seine Frau. Die beiden hatten zwei schwarzgefleckte Ochsen. Die alte Frau sammelte das trockene Steppengras und heizte damit den Ofen. Eines Tages brachte die Alte das Steppengras mit und legte es auf der westlichen Seite der Jurte hin. In diesem Gras versteckte sich eine Schlange. Nach einer Nacht war die Schlange so groß geworden, daß sie den ersten Riemen des Gitters der Jurte erreichte. Nach der zweiten Nacht erreichte die Schlange den zweiten Riemen des Gitters und nach der dritten Nacht war sie schon so groß, daß sie den dritten Riemen erreichte. Und dann sagte die Schlange zu den Alten: »Vater und Mutter, Ihr geht jetzt zum Khan und werdet für mich um eine von seinen Töchtern werben.« Der Alte zäumte den Ochsen auf und machte sich auf den Weg zum Khan. Er kam zum Haus des Khans, hielt den Ochsen an und sagte dem Khan: »Ich bin gekommen, um eine von Euren Töchtern zu werben!«

»Wer ist dieser Mann?« fragte der Khan. »Fangt ihn und zerreißt ihn in zwei Teile und legt ihn auf seinen Ochsen und jagt ihn fort!« Und alles wurde so getan, wie es der Khan gewollt hatte: Man zerriß den Alten in zwei Teile, legte ihn auf seinen schwarzen Ochsen und jagte ihn fort. Der schwarze Ochse kehrte nach Hause zurück.

Die alte Frau kam aus der Jurte und fiel, ihre Knie umarmend, nach vorn, dann fiel sie, ihren Nacken mit den Händen haltend, nach hinten. So weinend kam sie ins Haus. »Warum weint Ihr so?« fragte die Schlange die Alte.

»Man zerriß meinen alten Mann in zwei Teile, legte ihn auf den schwarzen Ochsen und schickte ihn so nach Hause«, sagte die Alte.
»Bringt ihn herein und legt ihn hierhin. Ihr selbst geht hinaus und bleibt draußen«, sagte die Schlange. Die Alte brachte den Alten ins Haus und ging hinaus. Die Schlange sprang zweimal hoch über den Alten, und der Alte stand lebend auf.
Am nächsten Tag schickte die Schlange den Alten wieder zum Khan. Und der Alte ging. Vor der Tür des Khans hielt der Alte seinen schwarzgefleckten Ochsen an und sagte: »Khan, werdet der Schwiegervater meines Sohnes!«
»Dieser Mann muß ein besonderer Mensch sein«, dachte der Khan und rief: »Steige von deinem Ochsen herunter und komme hierher! Erzähle mir, wer bist du!« Und der Alte erzählte: »Ich und meine alte Frau lebten abgeschieden von der ganzen Welt allein in der Steppe. Meine Frau sammelte das Steppengras, und einmal brachte sie mit dem Gras eine Schlange ins Haus. In einer Nacht wurde die Schlange so groß, daß sie den ersten Riemen des Jurtengitters erreichte, nach zwei Nächten erreichte sie den zweiten Riemen und in der dritten Nacht wurde sie so groß, daß sie den dritten Riemen erreichte. Und dann sagte die Schlange zu mir: ›Geht zum Khan und werbt für mich um eine von seinen Töchtern. Und deshalb bin ich gekommen.‹«
»Gestern habe ich dich töten lassen. Wie bist du wieder lebendig geworden?« fragte der Khan. »Die Schlange hat mich wieder lebendig gemacht«, antwortete der Alte. »Ich werde der Schwiegervater deines Sohnes. Aber vorher mußt du von meinem Haus bis zu deinem Haus eine goldene Brücke bauen. Auf beiden Seiten der Brücke mußt du Obstgärten anlegen. Außerdem mußt du vor meinem Haus und vor deinem Haus Pappeln pflanzen, und diese Pappeln müssen bis zum Himmel reichen«, sagte der Khan. Der Alte ging weinend nach Hause. »Was ist pas-

siert«, fragte der Sohn. »Ich soll von seiner Tür bis zu unserer Tür eine goldene Brücke bauen, und zu beiden Seiten der Brücke soll ich Obstgärten anlegen. Und dann soll ich noch vor meiner Tür und vor seiner Tür Pappeln pflanzen, und diese Pappeln müssen bis in den Himmel reichen. Und nur dann wird dir der Khan eine von seinen Töchtern zur Frau geben«, erzählte der Alte.

»So schlimm ist das nicht«, sagte die Schlange. »Ihr, Mutter, bringt mir ein Bündel Steppengras. Ihr, Vater, bringt einen Sack mit rotem Tonschlamm.«

Die beiden Alten taten, was die Schlange gesagt hatte. »Und jetzt, Vater, verstreut den Ton zu beiden Seiten des Weges von Eurer Tür bis zur Tür des Khans. Und Ihr, Mutter, steckt vor der Tür des Khans einen Teil des Steppengrases in die Erde und sagt dabei: ›Laß es Pappeln werden!‹ Dann steckt vor eurem Haus einige Halme in die Erde, und den Rest das Grases steckt in den verstreuten Ton«, sagte die Schlange. Der Alte und seine Frau erfüllten den Wunsch.

Am nächsten Tag sah man eine goldene Brücke, die so glänzte, daß einem die Augen davon schmerzten. Und die Brücke begann vor der Haustür des Khans und endete an der Haustür des Alten. Auf beiden Seiten von der Brücke lagen große Obstgärten, und die Bäume hingen voller Früchte. Inzwischen bereitete der Khan alles für die Hochzeit vor und ging die Brücke entlang. »Ich habe drei Töchter«, sagte der Khan zur Schlange, »welche willst du zur Frau nehmen?«

»Ich nehme die Tochter, die mich liebhaben wird«, war die Antwort. Der Khan ließ alle seine Töchter rufen und fragte sie, welche von ihnen die Schlange zum Mann nehmen will. »Wie kann eine Frau mit einer Schlange verheiratet sein?« sagte die älteste Tochter. »Nein, ich will auch nicht eine Schlange zum Mann nehmen!« sagte die zweite Tochter. Und nur die jüngste Tochter sagte: »Ja.«

Der Alte und seine Frau luden die Mitgift auf den Ochsen, setzten das Mädchen darauf und gingen so nach Hause. Als sie nach Hause kamen, da sahen sie, daß neben ihrer kleinen ärmlichen Jurte ein großer weißer Palast stand. Die Alten und das Mädchen gingen in den Palast.
Am nächsten Tag zog die Schlange ihre Schlangenhaut aus, gab sie der Frau und sagte: »Ich gehe mit den Kindern des Chormusta, des Himmelsgottes, spielen. Und du verstecke meine Haut gut. Nur wenn man dich töten will, dann gib die Haut weg, sonst gib sie niemandem.« So sprach die Schlange, verwandelte sich in einen Schwan und flog schreiend davon.
Einige Zeit später kamen die älteren Schwestern zu dem Mädchen und sagten: »Gib uns die Haut deines Mannes, oder wir töten dich.«
»Ich habe die Haut nicht«, antwortete das Mädchen. Die Schwestern machten Feuer und legten das Mädchen mit dem Bauch auf das Feuer. »Hier ist die Haut«, sagte das Mädchen und zog aus ihrem rechten Schiwerlyg die Schlangenhaut hervor und gab sie den Schwestern. »Pfui, wie ekelhaft sie ist!« sagten die beiden Schwestern und warfen die Schlangenhaut ins Feuer. Die Haut verbrannte und eine Rauchwolke, die einem Schlangenkörper ähnelte, verschwand im Orko. Die beiden Schwestern gingen zufrieden nach Hause. Das Mädchen schaute durch das Orko und sah einen Schwan mit gelbem Kopf.
»Leb wohl!« sagte der Schwan zu dem Mädchen und warf durch das Orko einen goldenen Ring hinein. »Suche mich nicht. Ich kehre in mein Land zurück. Mein Land befindet sich im Himmel hinter zwei Horizonten.« Und der Schwan flog davon. Das Mädchen weinte bitterlich. Sie nahm einen anderthalb Meter langen Eisenstock und ein Paar Eisenschuhe und machte sich auf den Weg. Als ihr Eisenstock nur noch daumenlang war und ihre Eisenschuhe abgenutzt waren, erreichte das Mädchen das Him-

melsland, das zwischen zwei Bergen lag. Auf dem Gipfel des einen Berges stand ein Steinturm mit nur einer Öffnung. Das Mädchen suchte nach einer Türe, es ging um den Turm herum, aber vergeblich. Da kam ein rotznasiger Pelikan und fragte das Mädchen: »Wer bist du? Und woher kommst du?«

»Ich bin auf der Suche nach meinem Mann«, antwortete das Mädchen und erzählte seine Geschichte.

»Gehe dreimal um den Turm herum und verneige dich dreimal, dann klettere am rechten Vorsprung des Turms nach oben. Nur dort oben auf dem Turm ist eine Öffnung. Durch die mußt du in den Turm hineinklettern und dich dann unter dem rechten Bett verstecken. Dein Mann wird kommen und auf einer achtsaitigen Harfe spielen. Da werden alle, alle Vögel herbeifliegen und im Turmloch in der Luft tanzen. Dann wird dein Mann Tee trinken, und nach dem Tee wird er sich auf dem rechten Bett hinlegen. Wenn er tief eingeschlafen ist, stehe auf und umarme ihn ganz fest, denn wenn du ihn losläßt, wirst du ihn nie wieder finden, und du selbst mußt für immer in diesem Turm bleiben«, sagte der Pelikan.

Das Mädchen ging dreimal um den Turm herum, verneigte sich dabei dreimal und kletterte am rechten Vorsprung des Turms nach oben. Im Turm versteckte sich das Mädchen unter dem rechten Bett. Da kam ihr Mann in Gestalt eines Schwans und sagte: »Pfui, wonach stinkt es hier so!« Er nahm die achtsaitige Harfe und spielte. Von überall her, aus der ganzen Welt, kamen die Vögel und tanzten. Dann trank der Mann Tee und legte sich in das rechte Bett. Einige Zeit später schlief er ein. Das Mädchen sprang unter dem Bett hervor, faßte den Schwan und drückte ihn ganz fest an sich.

»Wer bist du?« fragte der Mann.

»Ich bin deine Frau, mein Liebster, und ich bin von weit hierhergekommen«, antwortete das Mädchen und fiel be-

wußtlos zu Boden. Mit Hilfe einer Salbe aus einer weißen Wolke machte ihr Mann sie wieder gesund. Und so lebten sie beide drei Jahre lang, ohne die Zeit zu spüren. Da brachte die Frau einen Jungen zur Welt. Der Junge weinte ununterbrochen. Der Mann sagte: »Wir müssen den Turm verlassen.« Sie gingen hinaus und sahen, daß ihr Turm neben der rechten Seite des Hauses vom Khan stand. Sie gingen zum Khan.
Der Mann fragte: »Khan, willst du etwas von uns haben?«
»Schlangenjunge, ich will nichts von euch haben«, sagte der Khan.
»Aber ich will etwas von dir, ich will deine ältesten Töchter haben», verlangte der Mann.
Er nahm die beiden bösen Schwestern und tötete sie. Und der Mann und seine Frau lebten lange und glücklich.

Der blinde Khan

Vor vielen, vielen Jahren lebten ein Khan und seine Frau. Sie hatten drei Kinder. Fünf Arten von Vieh hatte der Khan. Wohlhabend und glücklich lebten die Menschen im Lande des Khans. In seinem Reich lebte aber auch ein Mann, der Badma hieß. Dieser ging nicht zur Jagd und fischte auch nicht. Er stahl die Jagdbeute anderer. Und so lebte er.

Einmal traf der Mann in der Steppe einen Alten. Der Alte war ein Hellseher. Und der Alte sprach: »Du verletzt die zehnte Glaubensregel! Wenn du so weitermachst, wird das ein schlechtes Ende haben.« Aber Badma sagte darauf: »Ich habe eine Frau und vier Kinder, und ich muß sie alle ernähren. Und deshalb werde ich so weiterleben.« Da sagte der Alte: »Ich gebe dir drei Ratschläge. Wenn du diese befolgen wirst, dann wird es dir gutgehen.«

»Und was für Ratschläge?« fragte Badma.

»Mein erster Rat: Gehe niemals in ein Mauseloch. Mein zweiter Rat: Nimm niemals eine Tochter des Khans zur Frau. Und mein dritter Rat: Iß niemals Fleisch vom Löwen. Wirst du meine Ratschläge befolgen?«

»Das will ich tun«, sagte Badma, »das ist doch ganz einfach: Löwenfleisch esse ich nicht, in ein Mauseloch passe ich nicht, und eine Tochter des Khans werde ich nicht zur Frau nehmen.«

»Gut«, sagte der Hellseher und ging fort. Badma kehrte nach Hause zurück und lebte weiter.

Die Zeit verging. Der Khan wurde langsam alt und seine Augen erblindeten. Und so lebte der Khan viele Jahre.

Einmal hatte der Khan einen Traum. Eine Stimme sprach zu ihm: »Sehr weit von hier an dem Ufer des Ozeans wachsen drei Lotosblumen. Wenn du es schaffst, eine Blume davon zu bekommen und sie dann auf deine Augen legst, wirst du wieder sehen können.«

Wieder verging die Zeit. Der Khan saß da und beriet sich mit seiner Frau. Und sie entschieden sich, einen Mann zu suchen und ihn zum Ufer des Ozeans zu schicken, um eine Lotosblume zu holen. Der Khan ließ alle Menschen des ganzen Landes zusammenrufen. Man schlug die große Trommel, und da kamen die Menschen aus dem großen Land. Man schlug die mittlere Trommel, da kamen die Menschen aus dem mittleren Land. Man schlug die kleine Trommel, und es kamen die Menschen aus dem kleinen Land. Als alle Menschen da waren, wandte sich der Khan an seine Leute: »Gibt es unter euch jemanden, der zum Ufer des Ozeans gehen und mir eine von den dort wachsenden Lotosblumen bringen kann. Ich werde die Blume auf meine blinden Augen legen und nur dann kann ich wieder sehen!«

Der Khan rief einmal, zweimal, dreimal. Aber alle schwiegen. Da wandte sich der Khan an drei Alte, die ganz vorne saßen: »Alte, vielleicht könnt ihr mir sagen, wer mir helfen könnte?« Und einer von den Alten sagte: »Ja. Man muß dorthin gehen. Man muß dir helfen. Aber es gibt nur einen Mann, der das kann. Er heißt Badma. Nur er und kein anderer kann die Blume holen.«

Die Entscheidung war gefallen. Badma sollte die Bitte des Khans erfüllen. Man gab ihm noch zwei Männer zur Hilfe mit. Der Khan lud die drei Männer zu sich nach Hause ein und sagte: »Geht, Männer, und bringt mir die Blume. Und ihr bekommt alles: Gold, Geld, Vieh, Häuser und meine Töchter zu Frauen.«

Als es Zeit war, machten sich die drei Männer auf den Weg. Tage und Nächte, Monate und Jahre vergingen, aber die drei Männer waren immer noch unterwegs. Das Essen war zu Ende gegangen, die Kleider waren abgetragen. Die Männer und Pferde hatten keine Kraft mehr, sie waren sehr müde.

Eines Tages übernachteten sie in einem Wald. Sie machten Feuer, und aneinandergelehnt schliefen sie ein. Einer von den Männern hörte ein Geräusch im Boden, und er sagte dem zweiten Mann: »Es bewegt sich etwas unter dem Boden!« Die beiden Männer standen auf und gingen auf die Suche. In einem Loch bei den Wurzeln eines Baumes fanden sie zwei kleine Löwenjungen. Die beiden Männer töteten sie, brieten das Fleisch auf dem Feuer und aßen es.

»Badma«, sagten die Männer, »stehe auf, das Fleisch ist fertig! Iß und mach dich fertig für den Weg!« Badma wachte auf. Sich den Rücken kratzend fragte er: »Was für ein Fleisch ist das?«

»Oh, wir haben zwei ganz fette Löwenjungen getötet und gebraten! Das Fleisch schmeckt sehr gut!«

»Nein«, sagte Badma, »ich will kein Fleisch essen, eßt es nur selber.« Schweigend schlief Badma weiter. Die zwei Männer aßen das Fleisch, bis sie satt wurden. Am nächsten Morgen weckten sie Badma auf und machten sich auf den Weg.

Viele Länder ließen sie hinter sich. Im späten Frühling, als die Sonne hoch stand, holte sie die Löwin ein. Ihre Zunge hing heraus. Die Löwin griff die beiden Männer an und riß ihnen die Köpfe ab. Badma stellte sich erst tot und versuchte dann, sich in einem Mauseloch zu verstecken. Aber in dem Moment schlug er sich an die Stirn und sprang sehr schnell auf einen Baum. Da kam die Löwin angerannt, und die Zunge hing aus ihrem Maul. Badma sprang vom Baum herunter und leckte die Zunge der Löwin. Danach verstand er ihre Sprache. Die Löwin fragte: »Hast du das Fleisch von meinen Kindern gegessen?«

»Nein«, antwortete Badma, »das habe ich nicht getan.«

»Und warum wolltest du dich zuerst in einem Mauseloch verstecken, bist dann aber auf den Baum gesprungen?« fragte die Löwin weiter. »Ich habe gelobt, nicht in ein Mauseloch zu kriechen und kein Löwenfleisch zu essen. Und so habe ich meine Gelöbnisse gehalten«, sagte Badma. »Nun«, sagte die Löwin, »setze dich auf meinen Rücken und schließe deine Augen so lange, bis ich es dir sage. Aber halte dich fest!« So sprach die Löwin und rannte los. Sie lief und lief und ließ viele Länder hinter sich, bevor sie Badma sagte: »Komm herunter und öffne deine Augen!« Badma stieg vom Rücken der Löwin, und er sah einen Zaubergarten, wo es viele Äpfel und andere Früchte und Gemüse gab. Badma aß die Äpfel, die Beeren und das Gemüse und wurde satt. Er legte sich unter einen Baum und mit dem Gedanken: »Ich wurde fast von einer Löwin aufgefressen! Und jetzt bin ich hier!« schlief er ein. Nach einiger Zeit stand er auf und sah nach der Löwin. Da sah er, wie eine riesige Schlange vom Baum nach unten kroch. Die Löwin kam, riß der Schlange ihren giftigen Kopf ab und fraß die Schlange auf. Sie wurde satt und kam zu Badma zurück.

»Bist du jetzt satt?« fragte die Löwin. »Ja, ich bin satt«, antwortete Badma. »Dann setze dich auf meinen Rücken und schließe deine Augen«, sagte die Löwin. Sie rannte los, und sie lief so lange, bis sie das Ufer des Ozeans erreichte. Dann sagte sie zu Badma: »Komm herunter! Wir haben das Ufer des Ozeans erreicht. Gehe in diese Richtung und du findest dort drei wachsende Lotosblumen.« Und Badma ging. Er riß eine Blume ab und wickelte sie in ein weißes Tuch. Badma kam zurück. Die Löwin fragte: »Hast du die Blume?«

»Ja, ich habe sie«, antwortete Badma. »Setze dich auf meinen Rücken und schließe deine Augen, wir kehren zurück«, sagte die Löwin, »denn wenn man jemanden belehren will, dann muß die Lehre den Verstand erreichen.

Wenn man jemanden auf dem Rücken hat, dann muß man ihn nach Hause bringen!«
Und die Löwin mit Badma auf dem Rücken machte sich auf den Weg. Tage und Nächte lief die Löwin, bis sie das Choton erreichte. Die Löwin blieb stehen und fragte Badma: »Öffne deine Augen. Ist das dein Choton?«
»Ja, das ist mein Land und mein Choton«, sagte Badma.
»Gehe jetzt nach Hause«, sagte die Löwin. »Ich muß zurück, denn wenn die Menschen aus dem Choton mich sehen, werden sie mich töten.« Und mit diesen Worten rannte die Löwin weg.
Badma ging zum Khan und gab ihm die Blume und erzählte, was er unterwegs erlebt hatte. Dann ging er nach Hause. Die Zeit verging. Der Khan wurde gesund, und seine Augen erblickten das Licht. Da sagte der Khan zu seiner Frau: »Wir schickten drei Männer auf die Suche nach der Blume. Und wir versprachen demjenigen, der die Blume bringt, das Gold, das Geld, das Vieh und eine von unseren Töchtern zur Frau zu geben. Und jetzt ist die Zeit gekommen, unser Wort zu halten.«
Der Khan ließ Badma rufen. »Du hast meinen Wunsch erfüllt, Badma. Du kannst jetzt das Gold und das Geld, das Vieh und eine von meinen Töchern zur Frau haben«, sagte der Khan. Aber Badma antwortete darauf: »Ich will nichts von Euch. Ich habe meine Frau und meine vier Kinder, was soll ich mit Eurer Tochter machen?« So sprach Badma und ging. Der Khan ließ Badma ein zweites und ein drittes Mal rufen. »Nimm alles, was ich versprochen habe und meine Tochter auch«, sagte der Khan ungeduldig. »Ich will nichts von Euch«, antwortete Badma.
Die Zeit verging. Der Khan sprach mit seiner Frau: »Wir haben versprochen, daß wir demjenigen, der uns helfen wird, das Gold, das Vieh und eine von unseren Töchtern zur Frau geben. Wir wollen unser Wort halten, aber er will nichts von uns. Sind wir so schlechte Menschen? Badma

will unsere Geschenke und unsere Tochter nicht. Das ist ein schlechtes Omen. Er will unseren Namen in den Schmutz ziehen. Ich werde Badma töten.« So beschloß es der Khan, und er ließ Badma zu sich rufen. Er sagte zu ihm: »Du willst meinen Namen in den Schmutz ziehen. Damit, daß du meine Geschenke und meine Tochter zur Frau nicht nehmen willst, willst du zeigen, was für ein schlechter Mensch ich bin? Ich lasse dich jetzt einsperren! Und du kommst vor Gericht!« Mit diesen Worten rief der Khan seine Diener, und sie sperrten Badma ein.

Der Khan versammelte die Menschen des ganzen Landes, hielt Gericht und beschloß, daß Badma lebendig verbrannt werden sollte. Am nächsten Tag sammelte man viel Holz, legte es vor die Haustür des Khans und begoß es mit Öl. Dann brachte man Badma, setzte ihn ganz oben auf das Holz und machte Feuer. Das Holz brannte, die Flammen kletterten nach oben und erreichten Badma. Badma, in den Flammen sitzend, schrie zum Himmel: »Oh, Himmel! Was habe ich getan, daß man mich jetzt dafür verbrennt?«

Badma hatte gerade diese Worte geschrien, als das Feuer augenblicklich erlosch. Im gleichen Moment erschien der Hellseher, nahm Badma vom Scheiterhaufen, und beide verschwanden.

Das Märchen wollte euch erzählen, was für grausame Menschen es in längst vergangenen Zeiten gab.

Der kluge Alte und der dumme Reiche

Es war vor vielen Jahren. Es lebte ein Alter mit seiner alten Frau. Der Alte war einen Fußbreit groß und sein Bart war fünf Fußbreit lang. Die beiden hatten fünf Ziegen und eine rote Kuh. Die Alten waren sehr arm, und sie lebten in einer Dsholom. Sie melkten ihre rote Kuh und ihre fünf Ziegen. Aus der Milch bereiteten sie ihr Essen und davon lebten sie.

Einmal, in einer Nacht, wurde eine Ziege gestohlen. Kurz darauf wurde noch eine Ziege gestohlen. Der Alte und die Alte saßen da und beweinten ihre gestohlenen Ziegen.

Eines frühen Morgens sahen die beiden, daß auf dem Rükken der roten Kuh viele, viele Fliegen saßen. »Was soll das? Zwei Ziegen sind gestohlen worden, und die Kuh wird von Fliegen aufgefressen!« sagte der Alte, klatschte in die Hände und tötete dabei fünf Fliegen.

»Demjenigen, der meine Ziegen gestohlen hat, werde ich jetzt Angst einjagen«, dachte der Alte und schrieb auf ein Stück Papier: »Mit einem Schlag habe ich fünf Fliegen getötet!« Und er ließ das Papier vom Wind davontragen.

Das Papier flog davon und wurde von einem dummen Reichen gefunden. »Na, so was! Es gibt jemanden, der stärker ist als ich«, dachte der dumme Reiche und ging auf die Suche nach dem Alten. Er kam zum Alten und fragte ihn:

»Bist du der, der mit einem Schlag fünf Fliegen getötet hat?«

»Ja, der bin ich«, sagte der Alte.

»Willst du mit mir einen Wettkampf machen? Wer es schafft, das ganze Fleisch von einem vierjährigen Stier auf-

zuessen, der hat gewonnen«, stellte der dumme Reiche seine Bedingung.
»Und die zweite Bedingung wird folgende sein«, fügte der Alte hinzu, »wer es schafft, die Erde dreimal zu schütteln, daß dabei drei Eier herunterfallen, der hat gewonnen.«
»Gut«, sagte der dumme Reiche, »und der Gewinn wird ein Sack voll Gold sein.«
Mit Handschlag wurde der Wettkampf besiegelt, und die beiden gingen in den Wald. Als sie in den Wald kamen, fing der Reiche einen vierjährigen Stier und schlachtete ihn.
»Und du gehst und holst Holz«, sagte der Reiche zu dem Alten. Der Alte ging in den Wald. Aber er war zu schwach, um auch nur einen einzigen Zweig aufzuheben. »Was soll ich jetzt machen?« dachte der Alte und begann mit einem winzigen Messer um einen riesigen Baum kleine Löcher in die Erde zu machen. Der dumme Reiche wartete sehr lange auf den Alten. Als seine Geduld zu Ende war, ging er zum Alten und fragte ihn: »Was machst du hier so lange?«
»Ah, ich dachte mir«, sagte der Alte, »statt mehrmals Holz holen zu gehen, grabe ich besser den ganzen Baum aus und bringe ihn mit.«
»Aber wir brauchen doch nicht soviel Holz, laß mich das Holz tragen«, sagte der dumme Reiche. Und er brach viele Zweige ab und ging.
»Jetzt holst du das Wasser«, sagte der Reiche dem Alten und gab ihm zwei große Ledersäcke mit.
Der Alte ließ einen Ledersack den Brunnen hinunter, aber er schaffte es nicht, ihn nach oben zu ziehen. »Was mache ich jetzt?« dachte der Alte und begann mit seinem kleinen Messer, Löcher um den Brunnen zu graben. Einige Zeit später kam der Reiche und fragte den Alten: »Wo bist du so lange geblieben?«
»Haben wir denn nichts weiter zu tun, als Wasser in Ledersäcken zu holen? Ich will gleich den ganzen Brunnen mitnehmen«, antwortete der Alte. »Ah, wozu brauchen

wir soviel Wasser? Geh, ich hole es selbst«, sagte der Reiche und nahm die zwei vollen Ledersäcke mit.
Dann kochten sie den ganzen Stier, und der Reiche aß das ganze Fleisch auf. Der Reiche schlachtete einen zweiten Stier und kochte ihn. Als das Fleisch fertig war, kostete der Alte davon und schrie vor Wut auf.
»Was ist mit dir?« fragte der dumme Reiche.
»Wie kann man Fleisch ohne Salz essen?« ärgerte sich der Alte. Um das Salz zu holen, lief der Reiche nach Hause. Inzwischen warf der Alte das ganze Fleisch in eine Grube hinein, setzte sich und leckte seine Finger ab. Als der Reiche zurückkam, sagte ihm der Alte: »Ich habe das Fleisch doch ohne Salz aufgegessen.«
»Und jetzt der zweite Wettkampf: Die Erde so zu schütteln, daß sie drei Eier herunterfallen läßt«, verkündete der Alte. Der Alte schüttelte die Erde und hob drei Eier, die er selbst vorher dort versteckt hatte, auf. Der Reiche schüttelte und schüttelte die Erde, aber sie ließ kein einziges Ei herunterfallen. So gewann der Alte alle Wettkämpfe. Die beiden gingen zum Reichen nach Hause, um den Sack voll Gold zu holen.
Die Nacht kam. Hinter einem Schafstall am Ende des Chotons legte sich der Alte hin, deckte sich mit einem Pelzmantel zu und schlief ein. Aber da bemerkte er Licht im Hause des dummen Reichen und ging hin, um nachzusehen. Und er sah, wie der Reiche ein großes Messer schärfte. »Wenn ich den Alten nicht umbringe, wird er mich nicht in Ruhe lassen«, sagte der dumme Reiche zu seiner Frau.
Der Alte ging zurück, bedeckte einen großen Stein mit seinem Pelzmantel und ging selber in den Schafstall und legte sich dort hin. Da kam der Reiche mit dem Messer und stach auf den Pelzmantel ein. Als er zustieß, sprühten Funken hervor. Er stieß ein zweites Mal zu und zerbrach dabei sein Messer. Das zerbrochene Messer fiel her-

unter. Der Reiche hob die Messerstücke auf und lief nach Hause.

Am nächsten Morgen kam der Alte und beklagte sich über Läuse in seinem Pelzmantel. Der Reiche fing an, auf der Stelle hin und her zu rutschen. »Na, so was! Die Messerstiche hält er für Läuse«, dachte der Reiche und seine Angst vor dem Alten wurde noch größer. »Nimm jetzt dein Gold mit und geh nach Hause«, sagte der Reiche, nahm einen Sack mit Gold aus der Truhe und gab ihn dem Alten. Aber der Sack war viel zu schwer für ihn. Der Alte stand in der Mitte der Jurte und schaute nach oben. »Was machst du da?« fragte der Reiche. »Ah! Ich überlege gerade, wie ich das Gold hier rauswerfen kann, damit es bei mir zu Hause landet«, antwortete der Alte. Der Reiche bekam noch mehr Angst und sagte: »Ich helfe dir, den Sack nach Hause zu tragen.« Und er lud den Sack auf seine Schultern und ging los. Als die beiden sich dem Haus des Alten näherten, da sagte der Alte: »Ich gehe voraus und werde das Essen vorbereiten, und du kommst nach.«

Er kam nach Hause und sagte zu seiner Frau: »Wenn der Reiche kommt, werde ich dir sagen, daß du das Essen kochen sollst. Und du wirst mir antworten, daß der Hund von dem Reichen in unser Haus gekommen ist, während du in der Steppe warst, und das ganze Essen aufgefressen hat. Daraufhin werde ich sagen: Dieser reiche Hund wird langsam lästig!, und mit diesen Worten werde ich mein Messer herausholen, und du nimmst das lange, breite Messer und stellst dich neben den Reichen.«

Der Reiche betrat die Jurte. Man bot ihm einen Platz auf dem Teppich an. Dann sagte der Alte zu seiner Frau, daß sie das Essen zubereiten soll. Da antwortete die Frau: »Als ich in der Steppe war, kam der Hund von dem Reichen ins Haus und fraß das ganze Fleisch auf.« Da sagte der Alte: »Dieser reiche Hund wird schon langsam lästig«, und holte sein Messer hervor. Seine Frau nahm das lange,

breite Messer und stellte sich auf die andere Seite vom Reichen. Der Reiche bekam solche Angst, so daß er beim Aufstehen vergaß, sich zu bücken, und mit dem Kopf im Loch der Dsholoms steckenblieb. Und mit der Dsholom am Halse lief er fort. Erst als er schon weit weg war, konnte er sich die Dsholom vom Hals reißen.
Unterwegs traf der Reiche einen Dieb. »Woher kommt Ihr, so voller Angst und mit blassem Gesicht?« fragte der Dieb. »Ich wollte hier mit einem Alten einen Wettkampf machen«, sagte der Reiche und erzählte dem Dieb alles.
»Ich kenne ihn«, sagte der Dieb, »ich habe seine Ziegen gestohlen. Und jetzt gehe ich, um seine Kuh zu stehlen. Kommt, gehen wir gemeinsam hin.«
Aber der Reiche weigerte sich. Da schlug der Dieb vor: »Damit Ihr keine Angst mehr habt, binden wir uns an den Hälsen zusammen.« Und so, an den Hälsen zusammengebunden, gingen sie zum Alten. Der Alte sah die beiden kommen und rief seine Frau: »Sieh mal, unser Freund hat den Dieb gefangen und bringt ihn jetzt hierher. So ein guter Mensch! Er hat sich doch als ein guter Mensch erwiesen!« Und mit einem Freudenschrei lief der Alte den beiden entgegen, um den Dieb zu halten. Der Reiche dachte, daß der Dieb ihn mitgebracht hätte, um ihn dem Alten auszuliefern, bekam Angst, drehte sich um und rannte weg. Der Dieb, der mit ihm am Hals zusammengebunden war, stolperte und fiel hin. Der Strick würgte ihn, und sein Mund verzerrte sich zu einem Grinsen. »Ah! Man hat mich fast umgebracht, und du machst dich über mich lustig!« ärgerte sich der Reiche. Und so, zusammengebunden, rannten die beiden weg und starben irgendwo. Der Alte und seine Frau mit dem vielen Gold lebten lange und glücklich.

Die Elster und ihre Freunde

Es war vor vielen, vielen Jahren. Da lebte ein Alter mit seiner Frau. Einmal kam der Alte aus dem Haus und sah, wie ein Würgfalke eine Elster angriff und sie auf die Erde warf. Der Alte lief schnell herbei, jagte den Würgfalken weg und rettete der Elster das Leben. Er nahm die kaum noch lebende Elster und brachte sie ins Haus. »Obwohl es nur ein Vogel ist, so ist es doch ein lebendes Wesen«, sagte der Alte, und seine Frau und er pflegten die Elster, bis sie wieder laufen konnte. Eines Tages sagte die Elster zu den Alten: »Ihr habt mein Leben gerettet, und ich bin euch sehr dankbar. Ich bin nicht von hier. Es ist schon lange her, daß ich mein Land verlassen habe. Und jetzt muß ich wieder zurück. Was kann ich euch geben?« Die Elster zog eine Feder heraus und gab sie den beiden. »In schweren Zeiten kommt zu mir«, fügte die Elster hinzu und flog weg.

Die Jahre gingen vorbei und niemand wußte, wieviel Zeit verflossen war. Der Alte und seine Frau wurden sehr arm und gerieten ins Elend. »Was werden wir jetzt tun?« fragte die Frau und dabei kramte sie in ihrer Truhe herum. Plötzlich fand sie auf dem Boden der Truhe eine Feder.

»Das ist seltsam! Wo kommt die Feder her?« wunderte sich die Alte. »Die muß von unserer Elster sein«, sagte der Alte, »wir haben sie ganz und gar vergessen. Statt einfach zu sterben, gehen wir besser zu unserer Freundin Elster. Sie wird uns helfen.«

»Ja, ja, beeile dich! Was sie dir gibt, das bringst du mit«, riet seine Frau.

Und der Alte ging zur Freundin Elster. Er lief sehr lange.

Jahre, Monate, Tage und Nächte gingen vorbei. Der Alte war immer noch unterwegs. Er war dem Lande der Elster schon ganz nah, als er einem schwarzroten Mann mit einem Schnurrbart begegnete.
»Guten Tag!« sagte der Mann zum Alten.
»Guten Tag!« begrüßte der Alte den Mann.
»Wo geht Ihr hin?« fragte der Mann.
»Ich gehe zur guten Freundin Elster«, antwortete der Alte.
»Was wollt Ihr von der Elster nehmen?« fragte der Mann.
»Was sie mir gibt, das nehme ich«, sagte der Alte.
»Nein, so geht das nicht. Die Elster wird zu euch sagen: ›Für deine Hilfe gebe ich dir alles, was du willst.‹ Darauf werdet Ihr antworten: ›Ich nehme das gescheckte zweijährige Fohlen, das Gold spuckt‹«, gab der Mann zu Rate und verschwand. Der Alte kam zu seiner Freundin Elster. Die freute sich sehr und gab ein großes Fest. Sieben mal sieben sind neunundvierzig, und so viele Tage und Nächte war der Alte zu Gast bei der Elster. Dann fragte die Elster: »Was brauchst du? Nimm das, was du willst.«
Der Alte sagte: »Ich nehme das gescheckte zweijährige Fohlen, das Gold spuckt.« Die Elster drehte sich nach hinten und weinte, dann drehte sie sich nach vorne und lachte, aber sie holte das gescheckte zweijährige, Gold spuckende Fohlen und gab es dem Alten. Der nahm das Fohlen und ging. Unterwegs dachte der Alte: »Es wäre nicht schlecht, wenn ich den Khan besuchen würde.« Als er zum Khan kam, sah er viele Jungen, die Knöchel spielten. Der Alte band das Fohlen an und bat die Jungen: »Sagt nicht dem Fohlen, daß es Gold spucken soll.« Und der Alte ging zum Khan. Aber die Jungen schrien besonders laut: »Du Gold spuckendes Fohlen, spucke Gold!« Und das Fohlen begann, Gold zu spucken. »So ein Glück!« freuten sich die Jungen und versteckten das Fohlen. Statt seiner brachten sie ein anderes geschecktes zweijähriges Fohlen und banden es an.

Der Alte kam zum Khan und sagte ihm: »Ich habe für Euch, mein Khan, ein Geschenk mitgebracht. Es ist ein geschecktes zweijähriges Fohlen, das Gold spuckt.«
»Sehen wir es uns an«, sagte der Khan und ging mit dem Alten nach draußen. Der Alte näherte sich dem Fohlen und befahl ihm: »Du Gold spuckendes Fohlen, spucke Gold!« Aber das Fohlen tat nichts dergleichen. Zum zweiten Mal befahl der Alte, und wieder war kein Gold da. Als der Alte zum dritten Mal seinen Befehl wiederholte, da gab das Fohlen nur schwarzen Mist von sich. Alle im Umkreis von einigen Metern, auch der Khan und der Alte, wurden von Kopf bis Fuß mit Kot beschmutzt. Der Khan ärgerte sich sehr. Er ließ seine Diener den Alten dreimal um das Haus jagen und ihn dann verprügeln.
Der Alte ging wieder zu seiner Freundin Elster. Er ging jahrelang, monatelang, viele Tage und Nächte, bis er das Land der Elster erreichte. Und wieder begegnete ihm ein schwarzroter Mann mit einem Schnurrbart.
»Seid gegrüßt, Alter!« sagte der Mann.
»Guten Tag!« antwortete der Alte.
»Wo geht Ihr hin?« fragte der Mann.
»Ich gehe zur Freundin Elster«, sagte der Alte.
»Was wollt Ihr von der Elster nehmen?« wollte der Mann wissen.
»Ich nehme das, was sie mir gibt«, antwortete der Alte.
»Nein, so nicht. Wenn die Elster zu Euch sagt: ›Was willst du für deine Hilfe bekommen? Sage, was du haben willst, und du kannst es mitnehmen.‹ Dann werdet Ihr antworten: ›Gib mir die glänzende schwarze Truhe, die Butter und Speck rauswirft.‹« So sprach der Mann und verschwand.
Der Alte kam zur Elster und die freute sich sehr. Neunundvierzig Tage und Nächte ließ die Elster den Alten bei sich zu Gast sein. Dann fragte sie: »Was brauchst du? Sage, was du haben willst.«

»Ich nehme die glänzende schwarze Truhe, die Butter und Speck rauswirft«, sagte der Alte. Die Elster drehte sich nach hinten und weinte, sie drehte sich nach vorne und lachte. Dann holte sie die glänzende schwarze Truhe und gab sie dem Alten. Der Alte nahm die Truhe und ging. Als er sich dem Lande des Khans näherte, beschloß er, den Khan zu besuchen. Er kam in das Choton und sah viele knöchelspielende Jungen. Der Alte stellte die Truhe auf die Erde und sagte den Jungen: »Sagt nicht der Truhe, daß sie Butter und Speck rauswerfen soll.« Und er ging zum Khan. Aber die Jungen riefen besonders laut: »He, glänzende schwarze Truhe, wirf Butter und Speck raus!« Und die Truhe begann Butter und Speck rauszuwerfen. Die wunderbare Truhe gefiel den Jungen sehr. Sie versteckten die Truhe und stellten statt ihrer eine ganz ähnliche Truhe hin.

Inzwischen sagte der Alte dem Khan: »Ich habe für Euch, mein Khan, eine Truhe, die Butter und Speck rauswirft, mitgebracht.«

»Laß sehen«, sagte der Khan und ging mit dem Alten hinaus. Der Alte sprach zur Truhe: »Du glänzende schwarze Truhe, wirf Butter und Speck raus!« Aber die Truhe bewegte sich nicht. Der Alte sagte es zum zweiten Mal und wieder nichts. Ein drittes Mal wiederholte der Alte seinen Befehl, aber die Truhe blieb still.

»Du verfluchter alter Lügner und Schuft!« schrie der Khan und zusammen mit seinen Dienern schlug er den Alten mit Stöcken. Der Alte ging wieder zu seiner guten Freundin Elster. Jahre, Monate, Tage und Nächte vergingen, bevor er das Land seiner Freundin Elster erreichte. Und wieder traf der Alte den schwarzroten Mann mit dem Schnurrbart.

»Wie geht es Euch, Alter?« wandte sich der Mann an den Alten.

»Ich will nicht klagen«, antwortete der Alte.

»Wo geht Ihr hin?« fragte der Mann.
»Zu meiner guten Freundin Elster gehe ich«, sagte der Alte.
»Was wollt Ihr von der Elster erbitten?« fragte der Mann.
»Nichts. Ich nehme das, was sie mir gibt«, antwortete der Alte.
»›Für deine Hilfe kannst du alles nehmen, was du willst‹, wird die Elster zu Euch sagen. Darauf müßt Ihr antworten: ›Ich will den springenden kurzen Knüppel haben.‹« So sprach der Mann und verschwand.
Als der Alte zur Elster kam, da freute sie sich sehr und ließ ihn neunundvierzig Tage und Nächte Gast bei ihr sein. Dann fragte die Elster den Alten: »Willst du etwas haben? Du bekommst alles, was du willst.«
»Ich will den springenden kurzen Knüppel haben«, antwortete der Alte. Die Elster drehte sich nach hinten und weinte, dann drehte sie sich nach vorne und lachte. Sie brachte den springenden kurzen Knüppel, gab ihn dem Alten und hieß ihn, nach Hause gehen. Der Alte nahm den Knüppel und ging.
Als er in das Land des Khans kam, sah er viele Jungen, die Knöchel spielten. Der Alte legte den Knüppel auf den Boden und sagte zu den Jungen: »Sagt nicht zu dem Knüppel: Springender schlagender kurzer Knüppel, spring und schlag!« So sprach der Alte und ging zum Khan. Aber die Jungen schrien in böser Absicht hinter ihm her: »Du springender schlagender kurzer Knüppel, spring und schlag!« In diesem Augenblick sprang der Knüppel auf und schlug die Jungen und jagte sie auseinander. Der Alte kam zum Khan und gab an: »Ich habe für Euch, mein Khan, ein Geschenk mitgebracht. Das ist ein springender schlagender kurzer Knüppel.«
»Na gut«, sagte der Khan, »gehen wir und sehen uns dein Geschenk an.« Als die beiden herauskamen, sahen sie, wie der Knüppel den Jungen auf ihre Köpfe schlug. Die Jun-

gen sahen den Alten und schrien: »Laßt uns am Leben! Haltet den Knüppel an! Ihr bekommt das Gold spuckende Fohlen und die glänzende schwarze Truhe, die Butter und Speck rauswirft, wieder!«

Der Alte nahm das Gold spuckende Fohlen und die glänzende schwarze Truhe, die Butter und Speck rauswirft, mit und ging nach Hause. Er und seine Frau besiegten mit Hilfe des springenden, schlagenden kurzen Knüppels den Khan und jagten ihn aus dem Land. Die beiden Alten wurden reich und lebten lange und glücklich.

Der Alte und sein Hahn

Es war vor vielen, vielen Jahren. Es lebten ein Alter und seine Alte. Die beiden hatten ein Huhn und einen Hahn. Der Alte und seine Frau lebten schon lange zusammen, daß sie ihre Namen vergessen hatten. Und den ganzen Tag stritten sie miteinander.
Einmal, ganz früh am Morgen, als der Alte noch schlief, stand die Alte auf und begann, die Jurte auseinanderzunehmen. Der Alte wurde plötzlich wach, sah, was die Frau machte, und ärgerte sich: »Was machst du, Alte?«
»Ich will nur meine Sachen zusammensuchen«, antwortete die Alte.
»Nein, so geht das nicht«, wurde der Mann böse, »gehen wir zum Khan, er wird uns sagen, was wem gehört.«
Die Frau war damit einverstanden: »Gut. Deine Worte sind die richtigen Worte!« Und die beiden gingen zum Khan. Sie sagten dem Khan: »Wir können nicht miteinander leben. Wir haben schon unsere Namen und den Tag, an dem wir geheiratet haben, vergessen. Wir können uns schon nicht mehr sehen, Khan, helft uns, den Haushalt zu teilen! Deshalb sind wir zu Euch gekommen!«
Der Khan hörte den beiden zu und fragte: »Und was habt ihr, das ihr teilen könnt?«
»Wir haben ein Huhn und einen Hahn«, antworteten die Alten.
»Na dann«, entschied der Khan, »den Hahn nimmt der Mann und das Huhn gehört von jetzt ab der Frau.«
Das Wort des Khans war Gesetz. Und so geschah es. Die Alte nahm das Huhn, und der Alte bekam den Hahn.

Das Huhn legte jeden Tag Eier, und die Alte war satt und glücklich. Der Hahn des Alten fraß den ganzen Tag und wurde dem Alten zum Verhängnis.
Eines Tages, als der Alte besonders hungrig war, ging er zu der Alten und sagte ihr: »Ach, gib mir ein Ei.« Darauf die Alte: »Na so was! Laß doch deinen Hahn Eier legen!« Der Alte ging zurück und wurde böse auf seinen Hahn: »Du kannst nur fressen! Warum legst du keine Eier?« So sprach der Alte und schlug seinen Hahn. »Ach, ach«, schrie der Hahn, »laßt mich, bitte! Schlagt mich nicht! Ich werde Eier legen!«
Der Hahn riß sich aus den Händen des Alten los und rannte weg. Einige Zeit später kam der Hahn eilig nach Hause zurückgelaufen und schrie dabei: »Alter, Alter, breitet schnell eine Decke aus! Ich werde jetzt ein Ei legen!« Der Alte freute sich und breitete eine Decke aus. Der Hahn setzte sich auf die Decke und – oga! oga! – ein Stein, den er einmal verschluckt hatte, fiel heraus. Der Alte ärgerte sich: »Willst du dich vielleicht über mich lustig machen?!« Und er schlug den Hahn.
Der arme Hahn konnte sich kaum aus den Händen des Alten befreien. Er lief hin und her und kam wieder zu dem Alten angerannt: »Alter, Alter, schnell, schnell, breitet die Decke aus! Ich lege jetzt ein Ei! Ich kann es kaum halten!« Der Alte freute sich wieder und breitete die Decke aus. Der Hahn setzte sich auf die Decke und – puff! puff! – machte er die Luft schlecht. Und der Alte wurde ganz böse: »Du willst mich lächerlich machen? Der Erlik soll dich holen!« Und er schlug den Hahn wieder und ließ ihn dann frei.
Der Hahn rannte und rannte, bis er das Land des Khans erreichte. Schreiend und heulend kam er ins Land. Der Khan hörte das Geschrei und fragte: »Was für ein Vogel ist das? Ist er schön? Kann man ihn essen? Falls man ihn essen kann, so fangt den Vogel ein und steckt ihn in die Truhe

mit dem Gold!« Seine Diener liefen los, fingen den Hahn ein und steckten ihn in die Truhe mit dem Gold.

Der Hahn saß in der Truhe und schluckte eine goldene Münze nach der anderen. Und als sein Bauch voll war, erhob er wieder ein Geschrei. Der Khan fragte: »Wer schreit so laut?« Und seine Diener antworteten: »Der Hahn!«

»Laßt ihn raus! Obwohl das ein Vogel ist, so ist er doch ein lebendiges Wesen und muß auch atmen!« sagte der Khan. Und seine Diener ließen den Hahn aus der Truhe heraus. Voller Angst lief der Hahn hastig hin und her. Dabei verschluckte er das ganze Vieh des Khans und rannte fort. Der Hahn rannte und rannte. Plötzlich sah er das Haus des Alten. Der Hahn konnte sich kaum halten und schrie ganz laut: »Alter, Alter! Beeilt Euch! Ich werde jetzt ein Ei legen! Breitet die Decke aus!« Aber der Alte saß zu Hause, als ob er nichts hörte. Der Hahn schrie weiter: »Beeilt Euch! Breitet die Decke aus! Ich kann kaum das Ei halten!«

Ärgerlich kam der Alte heraus und sagte: »Verschwinde, du! Wann hast du schon ein Ei gelegt? Ah! Du konntest nie Eier legen!« Aber der Hahn schrie weiter. Da sagte der Alte: »Ich breite jetzt eine Decke aus, und du kannst dich hinlegen und sterben!« und legte seinen alten Pelzmantel hin. Der Hahn setzte sich auf den Pelzmantel und – oga! oga! – legte alle Goldmünzen! Und – puff! puff! – ließ er das ganze Vieh heraus! Der Alte freute sich. Und er war auf einmal reich. Da kam seine Alte zu ihm und bat ihn: »Ich habe nichts zum Essen. Ach, gib mir ein Lamm.«

Der Alte antwortete: »Einmal kam ich zu dir, um ein Ei zu erbitten, aber du hast mir damals nichts gegeben. Lasse dir von deinem Huhn ein Lamm geben!« Die Alte ging nach Hause und sagte ärgerlich zum Huhn: »Du verfluchtes Huhn! Du kannst nur Eier legen! Und wo bleiben die anderen Sachen?« Und die Alte schlug ihr Huhn zu Tode.

Der Alte wurde reicher und reicher. Er und sein Hahn lebten lange und glücklich.

Die Katze, der Hund und der Zauberstein

Es war vor vielen, vielen Jahren. Es lebten ein Alter und seine Alte. Die beiden hatten einen Sohn. Einmal verdingte sich der Junge bei einem Nojon. In einem Jahr verdiente er nur eine Goldmünze. Er nahm die Münze und warf sie in einen Brunnen. Dann arbeitete er noch ein Jahr, verdiente eine Goldmünze und warf auch sie in den Brunnen. Und so arbeitete der Junge sechs Jahre lang und verdiente sechs Goldmünzen. Er sammelte die Münzen ein und ging nach Hause. Zu Hause sagte der Junge zu seinem Vater: »Ich gehe jetzt zum Markt und werde dort Ochsen und Pferde kaufen.«

Unterwegs zum Markt traf der Junge einen Mann, der einen Sack trug. »Guten Tag!« begrüßte der Junge den Mann. »Wohin geht Ihr?«

»Ich gehe, um die Katze zu töten. Als sie noch jung und gesund war, fing sie die Mäuse, aber jetzt ist sie alt geworden, und ich will sie töten«, antwortete der Mann.

»Ich kaufe Eure Katze«, sagte der Junge und gab dem Mann eine Goldmünze. Er nahm die Katze und ging weiter. Einige Zeit später sah der Junge einen Mann, der einen Hund an einem Strick führte. »Guten Tag!« sagte der Junge zum Mann. »Wohin führt Ihr den Hund?«

»Als er jung war, fing er die Hasen. Aber jetzt ist er alt geworden und fängt an, das Essen zu stehlen. Ich gehe, um ihn zu töten«, erzählte der Mann.

»Gebt mir den Hund«, sagte der Junge und gab dem Mann zwei Goldmünzen. Und der Mann gab ihm den Hund. Der Junge nahm den Hund mit und ging weiter. Da sah er, wie die Hirtenjungen eine Schlange quälten. »Geht ihr zu den Kühen«, sagte der Junge zu den Hirtenjungen, gab ihnen die übriggebliebenen drei Goldmünzen und nahm dafür die Schlange.

»Gehen wir zu meinen Eltern. Ihr werdet unser Gast sein«, sagte plötzlich die Schlange zu dem Jungen. »Aber wenn meine Eltern Euch einen goldenen Ring werden geben wollen, dann nehmt den Ring nicht. Dann werden sie Euch fragen, was Ihr wollt. ›Ich will den Zauberstein‹, müßt Ihr darauf antworten. Und wenn meine Eltern zu Euch sagen werden, daß sie den Stein nicht haben, so müßt Ihr daraufhin sagen: ›Wenn Ihr den Stein nicht habt, wer kann ihn haben?‹«

»Gut«, sagte der Junge, und alle gingen zu den Eltern der Schlange. Die Mutter und der Vater der Schlange freuten sich sehr und wollten dem Jungen einen goldenen Ring geben. »Nein, den nehme ich nicht«, sagte der Junge. »Und was wollt Ihr?« fragten die Eltern. »Ich will den Zauberstein«, erklärte der Junge. »Aber den haben wir nicht«, sagten die Eltern. »Wenn Ihr den Stein nicht habt, wer sonst kann ihn haben?« war seine Antwort. Und die Schlangen gaben dem Jungen den Zauberstein. Der Junge nahm ihn und ging nach Hause.

Unterwegs bekam er Hunger. Da kam die Schlange und sagte: »Alles, was du willst, kannst du dem Stein sagen. Und der Stein erfüllt deine Wünsche.« Der Junge bat den Stein um Essen, und sogleich standen Köstlichkeiten vor ihm. Der Junge fütterte erst die Katze und den Hund, bevor er selbst aß. Nach dem Essen gingen sie alle weiter und bald kamen sie nach Hause. »Na, wo sind deine Ochsen, wo sind deine Pferde?« fragte zornig die Mutter. »Vater, Mutter!« rief der Junge. »Betet zu Burchan! Alles, was Ihr Euch wünscht, wird uns der Stein geben!« Die Mutter und der Vater beteten zu Burchan und sagten ihre Wünsche dem Stein. Und alle wurden erfüllt.

Der Junge hatte eine Tante, und er sagte zu ihr: »Geht zum Khan und sagt ihm, daß ich seine Tochter zur Frau nehmen will.«
Die Tante ging zum Khan. »Ist der Junge gut oder schlecht, ist er reich oder arm?« fragte der Khan. »Nicht schlecht und nicht arm«, antwortete die Tante. »Er soll ein Haus bauen, das schöner als meines und schöner als alle Häuser in der ganzen Umgebung ist. Dann bekommt er meine Tochter zur Frau«, so sprach der Khan.
Der Junge erfüllte den Befehl des Khans und schickte wieder seine Tante zum Khan. »Khan, Euer Wunsch ist erfüllt«, sagte die Tante des Jungen dem Khan. »Jetzt soll er eine goldene Brücke bauen, die von meinem Haus bis zu seinem Haus führt. Auf beiden Seiten von der Brücke soll er Äpfelbäume und Birnenbäume pflanzen«, war der zweite Wunsch des Khans. Nachdem der Junge die goldene Brücke gebaut und die Obstbäume gepflanzt hatte, gab ihm der Khan seine Tochter zur Frau. Der Junge lebte glücklich. Aber seine Frau war in einen Sohn eines anderen Khan verliebt.
Einmal, als der Junge sich wusch, sagte seine Frau zu ihm: »Gib mir den Zauberstein, ich halte ihn.« Und der Junge gab ihr den Stein. Die Frau nahm den Stein und dachte dabei: »Ich will, daß mein Mann auf das andere Ufer des Ozeans verschwindet. Ich will, daß das Haus und der ganze Reichtum verschwindet. Und ich selbst möchte bei meinem Geliebten sein!« Und alle ihre Gedanken erfüllten sich. Und alles wurde so, wie sie es sich wünschte: Ihr Mann befand sich plötzlich auf dem anderen Ufer des Ozeans, das Haus, die goldene Brücke, das Vieh und alles andere verschwanden, und sie saß bei ihrem Geliebten. Und nur die alten Eltern des Jungen blieben da, wo sie waren.
»Wir müssen unseren Herrn finden«, entschieden die Katze und der Hund. Und die beiden machten sich auf den

Weg. Einige Zeit später kamen sie zum Ufer des Ozeans. Die Katze erkannte den Geruch des Jungen und bald waren die beiden bei ihrem Herrn. Der Junge freute sich sehr und sagte der Katze und dem Hund: »Versucht den Zauberstein wiederzufinden und bringt ihn zu mir.« Die Katze und der Hund liefen los und kamen zu der Frau. Sie schlief, und der Stein war in ihrem Mund versteckt. Die Katze versuchte, ins Haus zu kommen. Eine Dienerin ließ die Katze hinein. »Tanze!« sagte das Mädchen zur Katze und die Katze tanzte. »Singe!« sagte das Mädchen und die Katze sang.

In der Nacht lief die Katze wieder hinaus. Mit dem Hund zusammen suchte sie eine Maus und fing sie. Die Katze nahm die Maus und ließ sie auf den Mund der schlafenden Frau fallen. Vor Ekel wurde der Frau übel, und sie übergab sich. Der Stein fiel herunter. Die Katze griff ihn und steckte ihn ins Maul. Dann miaute sie so lange, bis man sie hinausließ.

Die Katze und der Hund liefen schnell davon und waren bald am Ufer des Ozeans. »Ich gehe ins Wasser, und ich bringe den Stein«, sagte die Katze. »Nein, ich nehme den Stein, und ich gehe«, sagte der Hund. »Ich habe den Stein gefunden«, erwiderte die Katze. Und so stritten sich die beiden. Sie gingen zusammen ins Wasser, und da machte die Katze plötzlich – blub! Der Stein fiel aus ihrem Maul ins Wasser. »Habe ich dir nicht gesagt, daß besser ich den Stein nehmen sollte? Wie holen wir ihn jetzt heraus?« grämte sich der Hund.

Die Katze rief nach allen Krebsen. Die Krebse kamen. »Ihr müßt den Zauberstein finden und mir bringen, sonst werde ich den ganzen Ozean aufschlecken«, erschreckte die Katze die Krebse. Die Krebse suchten und suchten, aber sie fanden den Stein nicht. Sie kamen alle zur Katze und sagten: »Nein, wir können den Stein nicht finden.«
»Seid ihr alle da?« fragte die Katze. Die Krebse zählten

nach, und einer von ihnen fehlte. Später kam auch er. »Hast du den Zauberstein genommen?« fragte die Katze. »Nein, ich habe den Stein nicht«, sagte der Krebs. »Na, dann schlecke ich den ganzen Ozean auf«, drohte die Katze. Plötzlich sagte einer von den Krebsen: »Irgend etwas fiel von oben herab, schlug auf mich und riß mir ein Bein ab. Das Ding liegt jetzt ganz tief im Boden.« Der einbeinige Krebs hinkte los und holte den Stein. Die Katze und der Hund bedankten sich herzlich bei ihm. »Acht Tage lang wartet nun schon unser Herr auf uns«, sagten sie und machten sich schnell auf den Weg. Sie kamen zum Jungen. Der Junge freute sich und umarmte die Katze und den Hund. Der Junge nahm den Stein und sagte: »Laß das Haus auf der alten Stelle stehen, die goldene Brücke, das ganze Vieh und alles andere muß wieder dasein, meine alten Eltern müssen reichlich zu essen haben und meine Frau soll auch zurück sein!«

So sprach der Junge, und plötzlich saß seine alte Mutter in einem Obstgarten. Sie sah nach oben, und ein Apfel fiel ihr in den Mund. Der Junge nahm die Katze und den Hund mit und kam nach Hause. Er tötete die böse Frau, und sie alle lebten lange und glücklich.

Zwei Mäusebrüder

Es war vor vielen, vielen Jahren. Da lebten zwei Mäusebrüder. Mal so, mal anders, aber sie lebten sehr glücklich. Der Winter kam. Sich fest umarmend schliefen die Brüder. Als der Morgen kam, ging der jüngere Bruder hinaus und sah vor dem Eingang einen Schneehaufen. Der jüngere Bruder ging ins Haus und sagte dem älteren Bruder: »Vor dem Eingang liegt ein Schneehaufen. Schlaf du weiter, und ich werde den Schnee wegräumen.«
Und als er den Schnee wegräumte, fand er ein Stück Butter, so groß wie ein Knöchel. Er nahm die Butter und kam ins Haus. »Sieh mal, Bruder«, sagte er, »ich habe diese Butter gefunden. Und wenn ich mit meiner Arbeit fertig bin, dann waschen wir uns, beten wir zu Burchan und essen beide die Butter.« So sprach der jüngere Bruder und ging, um den Schnee wegzuräumen. Als er fertig war, wusch er sich, betete zu Burchan und sagte zu dem Bruder: »Na, hol die Butter, wir beiden wollen essen.« Darauf antwortete der Bruder: »Ich habe die Butter schon aufgegessen.«
»Aah!« schrie der jüngere Bruder. »Ich habe die Arbeit gemacht, ich habe die Butter gefunden und du hast sie allein aufgegessen! Und was soll ich essen? Nein, Bruder, ich gehe vor Gericht!«
»Na gut«, sagte der andere, »gehen wir, um unseren Streit zu regeln.« Und die beiden gingen. Unterwegs trafen die Brüder den grauen Steppenwolf. »Wo geht ihr zwei Mäusebrüder hin?« fragte der Wolf.
»Wir sind auf der Suche nach jemandem, der unseren Streit regeln kann«, antworteten die Brüder.

»Und worum geht es?«

»Als vor unserer Haustür ein Schneehaufen lag, ließ ich meinen Bruder weiterschlafen und räumte den Schnee allein weg. Dabei fand ich ein Stück Butter, so groß wie ein Knöchel. Ich brachte die Butter nach Hause und sagte zu meinem Bruder, daß er weiterschlafen kann, so lange, bis ich mit der Arbeit fertig sei. Ich räumte den Schnee weg, kam nach Hause, wusch mich, betete zu Burchan und sagte zu meinem Bruder, er solle die Butter holen und wir werden beide essen. Und mein Bruder antwortete mir, er habe schon die Butter allein aufgegessen. Und deshalb sind wir jetzt unterwegs«, beendete der jüngere Bruder seine Erzählung.

Blitzschnell verschlang der Wolf den älteren Mäusebruder. Dann wollte er auch den jüngeren Mäusebruder runterschlucken. Aber der blieb im Halse des Wolfs stecken und sprang wie eine Kugel aus dem Maul heraus. Die Maus lief weg und versteckte sich unter dem Schnee. Dem Wolf blieb nichts weiter übrig als zu sagen: »Zeige mir doch deine schöne aufgeblähte Nase und deine schönen hervorstehenden Augen!« Als die Maus ihre schönen hervorstehenden Augen zeigte, bat der Wolf, ihre schönen abstehenden Ohren zu zeigen. Als die Maus ihre schönen abstehenden Ohren zeigte, da sollte sie auch ihre schönen weitstehenden Schulterblätter zeigen. Dann bat der Wolf die Maus, ihren schönen fetten Rücken zu zeigen. Nach dem schönen fetten Rücken blieb nur noch der schöne Schwanz zu zeigen. Und die Maus zeigte ihn. In diesem Augenblick verschluckte blitzschnell der Wolf die Maus. Aber sie blieb wieder im Halse stecken und sprang heraus. Die Maus lief weg und versteckte sich unter dem Schnee.

»Du, grauer Steppenwolf, hör mal zu«, sagte die Maus zum Wolf, »du hast meinen älteren Bruder aufgefressen! Wenn du mir jetzt deine Nase zeigst, werde ich in dein Nasenloch springen und aus deinem Hals dein Blut trinken, und zwar so lange, bis ich dreimal satt werde! Und wenn ich das nicht schaffe, soll ich verflucht sein!«

Als der Wolf diese Worte hörte, bekam er Angst und rannte weg. Unterwegs traf er einen Kranich. »Du, grauer Steppenwolf, wohin läufst du so eilig?« fragte der Kranich.

»Die Maus drohte mir, aus meinem Hals Blut zu trinken, und zwar so lange, bis sie dreimal satt ist! Und nur, weil ich ihren älteren Bruder aufgefressen habe. Die Maus hat sogar einen Schwur geleistet, und deshalb laufe ich weg«, antwortete der Wolf und fügte hinzu: »Du, Kranich, ich flehe dich an, fliege dorthin und sieh nach, was die Maus macht, und frage sie, was sie weiter machen will.«

Der Kranich flog, kirik-kirik singend, davon. Er kam zur Maus. Die Maus saß da und war blaß vor Zorn.

»Maus, Maus, was machst du?« fragte der Kranich. Und die Maus antwortete: »Ich werde den Wolf in der ganzen weißen endlosen Steppe suchen, und ich werde ihn finden, sogar dann, wenn er sich in ein Sandkorn dieses weißen Hügels verwandelt. Und wenn ich ihn finde, dann trinke ich aus seinem Hals Blut, bis ich dreimal satt werde!«

Der Kranich, kirik-kürük, kirik-kürük singend, flog weg und kam zum Wolf. »Na, was hast du gesehen?« fragte der Wolf.

»In der ganzen weißen endlosen Steppe wird sie dich suchen, und sie wird dich finden, sogar dann, wenn du dich in ein weißes Sandkorn verwandelst. Und wenn sie dich findet, wird sie aus deinem Hals Blut trinken, bis sie dreimal satt wird. So hat es die Maus gesagt und einen Schwur geleistet«, erzählte der Kranich.

»Ach! Ach! So ein Unglück!« schrie der Wolf. »Mein Kranich, ich flehe dich an, bringe mich zum Himmel!«

Der Kranich setzte den Wolf auf seinen Rücken, brachte ihn zum Himmel und setzte ihn dort ab. »Du, mein Kranich, es mögen sich alle deine Wünsche erfüllen! Fliege

nach unten und sieh nach, was die Maus macht«, bat der Wolf. Der Kranich, kiri-kiri, kürü-kürü singend, flog nach unten. Wieder kam er zur Maus.
»Maus, Maus, was machst du?« fragte der Kranich die Maus.
»Ich zerreiße die obere Schicht der Erde und baue damit eine Brücke zum Himmel. Ich weiß, daß der graue Steppenwolf jetzt im Himmel sitzt«, sagte die Maus. »Ich werde den Wolf auf die Brücke setzen, und dann werde ich durch sein Nasenloch zum Hals kommen und werde mich an seinem schwarzen Blut satt trinken!« so sprach die Maus.
Der Kranich flog zurück. Der graue Steppenwolf fragte ihn: »Na, mein lieber Kranich, was hast du gehört, was hat die Maus gesagt?«
»Du, grauer Steppenwolf, es sieht so aus, als ob du keinen Ausweg mehr hast, es ist zu Ende mit dir«, sagte der Kranich.
»Warum? Was ist los?«
»Die Maus macht aus der oberen Schicht der Erde eine Brücke, um dich im Himmel zu suchen und um ihren Schwur zu erfüllen«, anwortete der Kranich.
»Na, dann bleibt mir nichts weiter übrig, als nach unten zu springen«, sagte der Wolf. Und er sprang nach unten, schlug auf und war tot.
Die Maus kam angerannt. Durch sein Nasenloch kam sie zum Hals. Und sie trank sein Blut so lange, bis sie dreimal satt wurde. So erfüllte die Maus ihren Racheschwur. Und sie lebte glücklich weiter.

Als Frosch und Ameise Freunde waren

Es geschah vor vielen, vielen Jahren. Es lebten ein Frosch und eine Ameise. Sie befreundeten sich. Und sie waren sehr gute Freunde. Den ganzen Sommer spielte und freute sich der Frosch. Ohne sich zu erholen, arbeitete die Ameise. Rechtzeitig für den kommenden Winter bereitete sie das Essen vor. Der Frosch war so eifrig bei seinen Spielen, daß er vergaß, sich um das Essen für den Winter zu kümmern.

Plötzlich kam der Winter. Der Frosch saß hungrig da und ihm war kalt. Er hätte gern etwas gegessen, aber er hatte nichts. Der Frosch litt sehr. Er ging zu seiner Freundin Ameise.

»Guten Tag, meine Freundin!« sagte der Frosch.

»Guten Tag!« antwortete die Ameise. »Warum kommst du zu mir, ohne die Zeit zu fühlen?«

»Ich habe eine Bitte an dich. Ich habe den ganzen Sommer gespielt und mich gefreut, und dabei vergaß ich, das Essen vorzubereiten. Und deshalb komme ich zu dir«, sagte der Frosch.

»Wie kann man, ohne sich Gedanken zu machen, den ganzen Sommer im Spiel verbringen? Nein, so können wir keine Freunde sein. Ich arbeitete schwer und schwitzte, und du hast nur gespielt. Und jetzt willst du, daß ich dir Essen gebe?« so schimpfte die Ameise. »Aber nur weil wir Freunde sind und ich dich nicht noch mehr kränken will, dort liegt ein Kamelbein, nimm das mit«, sagte die Ameise und gab dem Frosch einen Oberschenkel von einer Heuschrecke. Der Frosch war empört: »Was! Du gibst mir so

wenig! Du willst dich über mich lustig machen!« Der Frosch machte einen Skandal und ging weg.
Seitdem wurden ein Frosch und eine Ameise nie mehr Freunde.

Elefant und Wolf

Es war vor vielen, vielen Jahren. Es lebten ein Elefant und ein Wolf. Und sie waren Freunde. Einmal trafen sie sich in der Steppe und beide waren hungrig. »Du, Elefant«, sagte der Wolf, »heute bist du dran, dich um das Essen zu kümmern.«
»Was soll ich machen?« dachte der Elefant und sagte zum Wolf: »Aber du mußt mir zeigen, woher ich das Essen bekommen kann.«
»Nicht weit von hier ist ein Choton. Zwischen den Jurten liegen viele Schafe. In der Nacht gehen wir dorthin und nehmen einige davon mit«, erklärte der Wolf.
»Ich habe Angst«, sagte der Elefant, »so etwas habe ich noch nicht getan!«
»Na gut, wie du willst«, warnte der Wolf, »aber eines sollst du wissen: Falls ich ein fettes Schaf bringe, bekommst du kein einziges Knöchlein davon ab. Feiglinge müssen hungern!«
Der Elefant überlegte und fragte den Wolf: »Hast du Angst, alleine zu gehen? Wie könnte ich dir dabei helfen? Du bist so stark und mutig, daß du allein hundert Chotons berauben kannst!«
»Du bist schlau, mein Freund«, antwortete der Wolf, »aber du kannst mich nicht überlisten. Du bist stärker als ich. Und ich brauche dich, damit ich die gestohlenen Schafe auf deinen Rücken packen kann. Der Winter kommt bald, und wir müssen das Essen vorbereiten.«
»Na, wenn das so ist, dann gehen wir zusammen«, war der Elefant einverstanden.

Und sie gingen. In dunkler Nacht näherten sie sich dem Choton. Der Elefant flüsterte dem Wolf ins Ohr: »Ich habe Angst! Ich weiß, du läßt mich allein und läufst weg! Binden wir uns an den Hälsen zusammen!« Der Wolf nahm ein Seil und band den Elefanten und sich selbst an den Hälsen fest. So kamen sie in das Choton.

Plötzlich bellten alle Hunde des Chotons. Der Elefant bekam einen großen Schreck und rannte davon.

»Warte!« schrie der angebundene Wolf. »Wie kann man sich vor Hunden fürchten? Sie haben doch vor uns Angst!«

Aber der Elefant hörte nicht und rannte nur noch schneller. Der Wolf hatte keine Kraft mehr zum Laufen. Sein Maul öffnete sich, seine Zunge hing heraus, und er erstickte fast.

Der Elefant drehte sich um, sah den Wolf an und begann plötzlich ganz laut zu lachen: »Ich habe vor mir selbst Angst gehabt! Wenn das alle erfahren, werden sie mich bis zum Tode auslachen!«

So sprach der Elefant und riß das Seil ab. Er lief fort. Und aus Furcht davor, ausgelacht zu werden, leben die Elefanten seitdem nicht mehr in unserer Steppe.

Kormoran, Fuchs und Zieselmaus

Es war vor vielen, vielen Jahren. An einem Fluß mit sauberem und klarem Wasser, im Schatten eines schönen Weidenbaums lebte ein Kormoran. Einmal saß der Kormoran da und weinte bitterlich. Da kam eine Zieselmaus vorbei und fragte: »Kormoran, Kormoran, warum weinst du?«
Und der Kormoran erzählte: »Ein Fuchs kam zu mir und sagte, ich solle ihm ein Ei geben, sonst würde er das ganze Wasser aus dem Fluß austrinken und meinen schönen Weidenbaum auffressen.«
Und die Zieselmaus gab dem Kormoran einen Rat: »Wenn der Fuchs noch einmal kommt, sage ihm folgendes: ›Um das ganze Wasser austrinken zu können, mußt du sehr große Backen und einen großen Hals haben, und wo sind sie? Um meinen schönen Weidenbaum auffressen zu können, mußt du sehr große Zähne haben, und wo sind die?‹ Nur sage dem Fuchs nicht, daß ich dir das beigebracht habe.« So sprach die Zieselmaus und lief weg.
Einige Zeit später kam der Fuchs. »Gib mir noch ein Ei! Sonst werde ich das ganze klare Wasser aus dem Fluß austrinken, und ich werde deinen schönen Weidenbaum auffressen!« versuchte der Fuchs dem Kormoran Angst einzujagen. Aber der Kormoran sagte zu dem Fuchs: »Wo sind deine großen Backen und dein großer Hals, um das Wasser austrinken zu können? Wo sind deine großen Zähne, um meinen Weidenbaum auffressen zu können?«
»Wer hat dir diese Worte beigebracht?« fragte der Fuchs.
Der Kormoran bekam Angst und sagte: »Die Zieselmaus hat mir das beigebracht.« Der Fuchs hörte dies und

dachte: »Na, Zieselmaus, warte du!« Und er ging auf die Suche nach der Zieselmaus.

Lange suchte der Fuchs die Zieselmaus. Und auf einmal sah er: Den Kopf aus einem Loch herausstreckend, saß da die Zieselmaus. »Wie kann ich dich überlisten?« dachte der Fuchs. Und er sagte zu der Zieselmaus: »Was für einen schönen Hals hast du! Wie bei einem Iltis! Dein Schwanz muß auch sehr schön sein, wie bei einem Hasen! Zeige ihn mir!«

Die Zieselmaus, um ihren schönen Schwanz zu zeigen, sprang aus dem Loch heraus. Der Fuchs – zap! – fing die Zieselmaus und wollte sie auffressen.

»Da du mich schon gefangen hast, kannst du mich immer noch fressen. Aber wenn du ein kluger Jäger bist, wirst du erst bis acht zählen«, sagte die Zieselmaus zum Fuchs. Und da der Fuchs zeigen wollte, was für ein kluger Jäger er sei, fing er an zu zählen: »Eins, zwei, drei, vier, fünf, sechs, sieben, acht.« Bei der letzten Zahl öffnete der Fuchs weit sein Maul. Die Zieselmaus sprang aus dem Maul heraus und versteckte sich in ihrem Loch. Und der Fuchs blieb mit offenem Maul stehen.

Warum die Eulen keine Nasenlöcher haben

In einem Vogelland war der Adler der Khan. Seine Frau war der Uhu. Einmal, als es Zeit war, Kinder auf die Welt zu bringen, sagte die Frau des Khans zu ihrem Mann: »Holt alle Vögel herbei, macht Löcher in ihre Nasen und bindet sie alle zusammen. Ich werde auf ihren Rücken unsere Kinder zur Welt bringen.«

Der Adler-Khan ließ alle Vögel rufen. Als sie kamen, machte der Khan allen Löcher in die Nasen, band sie an diesen zusammen und zählte sie nach. Die Eule fehlte. Der Khan wurde böse und schickte einen Boten zur Eule. Die Eule wußte, wie grausam und gefährlich der Khan sein konnte, und kam mit dem Boten.

»Wo warst du so lange? Was hast du gemacht?« fragte wütend der Khan.

»Gebt mir erst solche Flügel, damit ich auch bei nassem Wetter fliegen kann. Gebt mir die Augen, damit ich auch am hellen Tage sehen kann. Als die Zeit zum Schlafen war, schlief ich. Als die Zeit zum Nachdenken war, dachte ich nach. Und deshalb bin ich so spät gekommen«, gab die Eule zur Antwort.

»Und worüber hast du nachgedacht?« fragte der Khan.

»Wovon gibt es mehr auf der Erde: Gibt es mehr Tote oder mehr Lebende?«

»Und wovon gibt es mehr?«

»Wenn man die schlafenden Menschen zu den Toten zählt, dann gibt es mehr Tote als Lebende.«

»Und worüber hast du noch nachgedacht?«

»Ob es mehr umgefallene Bäume oder ob es mehr wach-

sende Bäume gibt, habe ich mich gefragt.«
»Und wovon gibt es mehr?« fragte der Khan.
»Wenn man die vertrockneten Bäume zu den umgefallenen zählt, dann gibt es mehr umgefallene als wachsende Bäume«, sagte die Eule.
»Und worüber hast noch nachgedacht?«
»Ich dachte darüber nach, ob es mehr Tage oder ob es mehr Nächte gibt.«
»Und wovon gibt es mehr?«
»Wenn man die dunklen Tage zu den Nächten zählt, dann gibt es mehr Nächte als Tage.«
»Hast du noch über etwas nachgedacht?« fragte der Khan.
»Ja. Ich habe darüber nachgedacht, ob es mehr weibliche oder ob es mehr männliche Wesen gibt«, antwortete die Eule.
»Und wovon gibt es mehr?« wollte der Khan wissen.
»Wenn man die Männer, die alles machen, was ihre Frauen wollen, zu den Frauen zählt, dann sind die weiblichen Wesen in der Mehrzahl«, sagte die Eule.
Der Adler-Khan überlegte, ließ alle Vögel frei und sagte zu seiner Frau: »Suche dir selbst einen Ort, wo du die Eier legen kannst!«
Seitdem legt der Uhu seine Eier im Ufergestrüpp ab, und die Eulen haben keine Nasenlöcher.

Nachwort

Zwischen Wolga und Don, zwischen Wolgograd im Norden und Stawropol im Süden befindet sich die kalmückische Steppe. Dort lebt seit Anfang des siebzehnten Jahrhunderts ein kleines Volk: die Kalmücken, das einzige Volk in Europa, welches sich zum Buddhismus bekennt und auch der einzige Vertreter mongolischsprachiger Völker in Europa ist. Ursprünglich hießen die Kalmücken *Oiraten*, deren Heimat die *Dshungarei* war, ein Land, das sich zwischen *Altai* und *Tienschan* befand und im Südosten an China grenzte.
Die frühesten Erwähnungen von Oiraten findet man in der ältesten mongolischen Schrift ›Die geheime Geschichte der Mongolen‹ (1240): »Im Jahre des Hasen (1207) wurde Dshotschi mit seinem Heer geschickt, um das Waldvolk zu unterwerfen. Der Oirate Kuduka-beki kam mit einer Tausendschaft Oiraten in Frieden.« Der persische Historiker *Raschid-ad-din* (Ende des dreizehnten bis Anfang des vierzehnten Jahrhunderts) schrieb in seinem Buch von Oiraten, die aktiv an den Feldzügen der Tschinggisiden teilnahmen. Das Imperium des *Tschinggis-Khan* begann schon im dreizehnten Jahrhundert zu zerfallen. Danach wird die Mongolei für etwa dreihundert Jahre ein Schauplatz erbitterter Fehden. Schon alsbald vollzieht sich eine endgültige Trennung zwischen den Ost- und Westmongolen (Oiraten). Fast ein ganzes Jahrhundert verlief dann die Geschichte der Oiraten mehr oder weniger ruhig. Im Jahre 1418 vereinte der oiratische Fürst *Togontajschi* für eine kurze Zeit die Mongolei. Im Jahre 1440 wurde er von sei-

nem Sohn *Esen-Khan*, der ein bedeutender Politiker und Feldherr war und eine wesentlich größere Macht als sein Vater erreichte, abgelöst. Durch innere Fehden innerhalb der Gesellschaft der Oiraten kam es zum endgültigen Bruch; im Jahre 1455 wurde Esen-Khan durch eine Verschwörung getötet.
Mitte des sechzehnten Jahrhunderts verschlechterten sich die Beziehungen der Oiraten zu den kasachischen und den kirgisischen Feudalen. Der Grund war das Streben der einen wie der anderen, die reichen Städte des Syr-Dar'ja-Tales zu erobern und die Weidegebiete zu erweitern. Die mehr als dreißigjährige Feindschaft zwischen den oiratischen, kasachischen und kirgisischen Feudalen endete mit der Niederlage der Oiraten. Im Jahre 1572 erleben die Oiraten ihre letzte Niederlage durch die Ostmongolen.
Die erheblich dezimierten Oiraten verlassen ihre Besitztümer und ziehen entlang dem Irtysch nach Nordwesten, in ein Gebiet innerhalb der Grenzen des russischen Reiches. Wie *U. Erdniev* schreibt, wurde im Jahre 1608 ein Vertrag über den freiwilligen Eintritt der Oiraten in das russische Reich zwischen dem russischen Zaren *Wassilij Schujskij* und den oiratischen Fürsten geschlossen. So entstanden die Kalmücken (ķalmaķ bedeutet auf tatarisch »der Weggegangene«, »der, der sich losgelöst hat«).
Die Kalmücken waren in ihrer Vergangenheit ein Nomadenvolk. Nicht leicht und nicht einfach war das Leben eines Nomaden. Der einzige Reichtum war das Vieh und deshalb verbrachten die Menschen den größten Teil ihres Lebens in der Steppe. Aber nach dem langen schweren Arbeitstag versammelten sich die Steppenmenschen, zündeten ein Feuer an und erzählten Märchen. Sie erzählten sich Märchen, in denen sie von einem glücklichen Leben ohne Tod, Leid und Ungerechtigkeit träumten. Die Märchen erzählten von Wohlstand und Frieden, von Helden, die in verhängnisvollen Stunden zu Hilfe eilen, von dem Leben

einfacher Menschen, von einem Leben, das zum Ideal erhoben wurde. Die Zuhörer waren so in der Welt der Märchenhelden gefangen, daß sie nicht still sitzen konnten. Sie riefen: »Chäämn', chäämn'!« (Ach, du Unglücklicher! Ach, du Ärmster!). Während der pathetischen Momente des Märchens sprangen die Menschen auf und warfen ihre Mützen auf die Erde.

Über die Kraft des Einflusses der Kunst des Märchenerzählens und Heldenepossängers *Eeljan Ovla's* auf die Zuhörer sprechen die Erinnerungen der alteingesessenen Einwohner des Maloderbetov-Bezirkes der Kalmückischen Republik: »Manchmal erinnert man sich daran, wie Ovla erzählte und sang, und es stehen einem die Haare zu Berge, eine Gänsehaut läuft über den Rücken!«

Die Märchen spielten eine große Rolle im Leben der Kalmücken – meines Volkes. Sie wurden sorgfältig von einer Generation auf die andere übertragen und deshalb besitzen die Kalmücken eine gewaltige folkloristische Erbschaft, das betrifft besonders die Märchen und das Heldenepos ›Dshangar‹, die dem europäischen Leser fast unbekannt geblieben sind. Die Ausnahmen sind die Übersetzungen von *W. Bergmann*, der in den Jahren 1802–1804 ein Lied aus dem kalmückischen Heldenepos ›Dshangar‹, eine buddhistische Geschichte des Uschandar-Khans und die Märchensammlung ›Siditü kegür‹, die bei den Kalmücken als ›Sedklin kür‹ (Das vertrauliche Gespräch) bekannt und unter dem Einfluß der indischen Märchensammlung ›Die Erzählungen des Zaubertoten‹ entstanden ist. Im Jahre 1866 übersetzte der deutsche Wissenschaftler *B. Jülg* die Märchensammlung noch einmal neu in die deutsche Sprache.

Die Märchen in dem vorliegenden Band sind bisher in keine andere Sprache übersetzt worden, bis auf einige Texte, die vor mehr als dreißig Jahren auf russisch erschienen sind, wie z. B. ›Die Katze, der Hund und der Zauberstein‹, ›Zwei Mäusebrüder‹, ›Warum die Eulen keine Nasenlöcher haben‹.

Alle Handlungen der kalmückischen Märchen laufen vor dem Hintergrund der Steppenlandschaften ab. Aber manchmal stellt das Märchen auch die Landschaft und die Tierwelt des früheren Heimatlandes der Kalmücken, der Dshungarei, vor. Da sind Felsen, Berge und Wälder, wo man Marale, Löwen, Bären und Bergziegen trifft, wie zum Beispiel in den Märchen ›Aman Zagan und sein geschecktes Pferd Aschn-Alg‹ oder in ›Das Mädchen, das einem Jungen ähnelte‹. Oft werden in den kalmückischen Texten auch Ozeane, Obstgärten, Elefanten und Edelsteine beschrieben, wie in ›Der blinde Khan‹ und ›Die Katze, der Hund und der Zauberstein‹ oder in ›Elefant und Wolf‹. Das alles zeugt davon, daß die Kalmücken mit Indien in Verbindung standen; das Land war ihnen bekannt. Aber echte Liebe und Aufmerksamkeit schenkt das Märchen der Steppe. Diejenigen, die noch niemals in der Steppe gewesen sind, wissen nicht, daß die Steppe nur im Frühling schön ist, wenn alles blüht und alle Arten von Blumen, wie wilde Tulpen und Lilien die Steppe wie mit einem bunten kostbaren Teppich bis zum Horizont bedecken. Aber schon ab Juni verbrennt die heiße Sonne alles erbarmungslos, und anstelle des bunten Teppichs bleibt »die menschenleere, grenzenlose und die von der Sonne verbrannte Steppe«. Deshalb merkt sich das Auge eines Steppenmenschen jeden Baum, jeden Fluß und jedes Bächlein. Und sie alle tauchen sorgfältig erhalten in den Märchen auf, wie in der schönen Passage mit dem Weidenbaum im Märchen ›Das Mädchen und seine böse Stiefmutter‹. Das Süßwasser ist in der Steppe besonders kostbar. Die Brunnen mit Süßwasser sind sehr weit voneinander entfernt; deshalb wird das Wasser fast so hochgeschätzt wie Gold. Und im Märchen schmückt man die

Brunnen mit einem goldenen Gerüst und mit einem silbernen Boden. Den Ozean im Märchen kann man auch als Hyperbel betrachten: soviel Wasser wie in einem Ozean.
Interessant sind im kalmückischen Märchen die weiblichen Gestalten. Sie lassen sich drei verschiedenen Typen zuordnen. Zum ersten Typ gehören die sogenannten positiven Heldinnen: die jüngere Tochter oder die jüngere Schwester. Die Aufgabe der jüngeren Schwester im Märchen, wie von Buhulung in ›Bars Mergen Baatur‹ oder die von Bogdan Kölsh in ›Bogdan Kölsh und Budgir Mergen‹, ist eindeutig: dem Bruder das Leben zu retten. Mit der jüngeren Schwester im Märchen ist ein Verwandlungsmotiv verbunden, dessen Wurzeln nach *Propp* in den Initiationsritualen (Einweihungsritualen) zu suchen ist. Beide Mädchen begehen schwere Sünden, um ihre Brüder zu retten: Buhulung tötet und Bogdan Kölsh betrügt. Dafür müssen beide mit ihrem Leben bezahlen: Sie verwandeln sich in Hasen und das bedeutet im Märchen den Tod. Dieses Motiv ist näher zu betrachten, da mit dem Verwandlungsmotiv auch der zweite Typ weiblicher Gestalten fest verbunden ist, und zwar die Himmelsfeen: die Tochter der Sonne, die Tochter des Mondes und die Tochter des Himmels. Im Märchen werden diese drei Frauen immer (!) von der jüngeren Schwester des toten Helden mitgebracht, da nur die Himmelsfeen den toten Bruder wieder lebendig machen können: mit Hilfe des Lebenswassers, wie in ›Bars Mergen Baatur‹, oder sie treten über den Toten, wie in ›Bogdan Kölsh und Budgir Mergen‹. Nachdem die Mädchen ihre Aufgabe erfüllt haben, verwandeln sie sich in Hasen: Buhulung in einen weißen Hasen aus dem Tal und Bogdan Kölsh in einen grauen Hasen der Steppe. Die weiße Farbe ist, wie *Vladimir Propp* schreibt, »die Farbe des Todes, die Farbe eines Wesens aus dem Jenseits, das seinen materiellen, irdischen Körper verloren hat«. Buhu-

lung, als weißer Hase aus dem Tal, ist unsichtbar, weil das Tal im Märchen nichts anderes ist als der Ort, wo die Toten leben, die genauso weiß wie der weiße Hase sind. Bogdan Kölsh in Gestalt des grauen Hasen ist auch unsichtbar: graue Farbe vor dem grauen Hintergrund der Steppe. Die Hasen sind die Seelen der toten Mädchen, Seelen, die noch nicht ihre Ruhe gefunden haben. Die beiden Mädchen sind tot, aber ihre Seelen leben noch und deshalb sind sie Hasen für ihre Brüder, die ja normale lebende Menschen sind. Nur die Himmelsfeen spüren, daß ihre Männer eine Tote nach Hause gebracht haben, und schlagen die Hasen, weil »jedes lebende Wesen Angst vor den Toten hat« *(Propp)*. Deshalb schweigen auch die Brüder. Entweder spüren auch sie etwas Ungewöhnliches oder es war verboten, etwas zu sagen: Wer läßt die Lieblingsschwester, obwohl sie die Gestalt eines Hasen hat, beleidigen, ohne die Täterinnen zu bestrafen? Mit den verwandelten jüngeren Schwestern ist die zweite Aufgabe der Himmelsfeen verbunden: Sie töten das Mädchen. Und dieser Tod ist diesmal ein absoluter, vollkommener Tod, obwohl auch er zeitweilig ist. Den zeitweiligen Tod verbindet *Propp* mit den Einweihungsritualen. An dieser Stelle sei an die weißen Kleider erinnert, die die Himmelsfeen Buhulung schenken. Diese weißen Kleider sind nichts anderes als Leichentücher. Aber da die Zeit für Buhulungs Tod noch nicht gekommen war, zerreißen die Kleider beim Anziehen. Durch den Tod verlieren die beiden Mädchen ihre magischen Kräfte und werden ganz normale Frauen. Sie führen dann ein normales Leben: als Menschen. Beide heiraten und bringen Kinder zur Welt. Irgend etwas stimmt nicht mit den Mädchen. Was könnte das sein? Und deshalb einige Sätze zum Verkleidungsmotiv. Wann und warum tragen die Mädchen im Märchen Männerkleider? Entweder dann, wenn sie auf der Suche nach dem verlorenen Bruder sind (›Bars Mergen Baatur‹), oder wenn sie auf der

Flucht vor einer Gefahr sind (›Bogdan Kölsh und Budgir Mergen‹), oder wenn sie das Vieh in die Steppe treiben, wie die Tochter des Alten in ›Das Mädchen, das einem Jungen ähnelte‹. Es gibt hier etwas Gemeinsames: Die Mädchen mußten lange Zeit in der Steppe allein sein und waren daran gewöhnt, Männerkleider zu tragen. Das Verkleidungsmotiv im kalmückischen Märchen hat meiner Meinung nach mit Hermaphroditismus zu tun. Diese drei Mädchen sind Hermaphroditen und durch ihren zeitweiligen Tod verlieren sie die hermaphroditischen Merkmale: ihre männlichen Kräfte. Was die Frau des Khans aus dem Märchen ›Das Mädchen, das einem Jungen ähnelte‹ betrifft, auch sie erleidet im gewissen Sinne einen zeitweiligen Tod. In ihrem Fall ist das Faß der Sarg und der Ozean das Grab. In der kalmückischen Märchensammlung, die in den Jahren 1888–1896 von *A. Pozdneev* übersetzt und in St. Petersburg veröffentlicht wurde, gibt es das Märchen ›Die Hermaphrodit-Braut‹. In diesem Märchen sucht der Khan für seine Tochter, die ein Hermaphrodit ist, einen Hermaphrodit-Mann.

Den dritten Typ weiblicher Gestalten im kalmückischen Märchen stellen die bösen Frauen dar. Es sind die Steppenhexen, Schulmusen, die Ziegenbeine und einen Kupferschnabel haben. Um den Helden zu täuschen, verwandeln sich die Schulmusen in junge schöne Frauen. Zu dem dritten Typ gehören auch die böse ältere Schwester und die Stiefmutter, wie z. B. Zagan in ›Bars Mergen Baatur‹, deren Vater ein irdischer Mensch und deren Mutter eine Hexe waren; die älteren Schwestern in ›Der Schlangenjunge‹, und die Stiefmutter in ›Das Mädchen und seine böse Stiefmutter‹, die ihre Stieftochter tötet.

Die Ungeheuer im kalmückischen Märchen sind Charata Khan Köbün, Tögä Büs, der schwarze vielköpfige Mus und die Schulmusen-Steppenhexen. Sie alle haben etwas Gemeinsames, nämlich: Ihr Element ist das Feuer. Und dies bedeutet, daß sie alle aus der Unterwelt kommen beziehungsweise dort leben. Sie erscheinen im Märchen immer im Sommer, zu der heißen Mittagszeit, wenn die Sonne am höchsten steht und alles Lebende sich im Schatten versteckt. In folgenden Texten wird dies besonders deutlich: »Wenn ich die Watte auf dem Speer brennen lasse, dann sollst du kommen«, schreibt Zagan dem Charata Khan Köbün im Märchen ›Bars Mergen Baatur‹. »Morgen soll er zu Hause bleiben, weil ich zur heißen Mittagszeit kommen und dich abholen werde«, sagte der Mus im Märchen »Bodgan Kölsh und Budgir Mergen«. »Dein Haus brennt!« rief die Stimme im Märchen ›Aman Zagan und sein geschecktes Pferd Aschn-Alg‹.

Bei dem Kupferschnabel der Steppenhexen, den Schulmusen, ist nicht die Qualität des Metalls wichtig, sondern die Farbe – die Farbe des Feuers. Auch ihre Reaktion auf den versteckten Helden bzw. Heldin zeigt, daß diese Ungeheuer mit der Unterwelt zu tun haben. Sie alle schrien: »Pfui! Es riecht nach Mistwürmern!« Nach *Vladimir Propp* kann das nur jemand sagen, der zur Unterwelt gehört, weil »ein Toter den Geruch des Lebenden nicht ausstehen kann«. Die Ungeheuer im kalmückischen Märchen sind fast immer die größten Feinde des Helden.

Bei der Gestalt des rotznasigen Jungen im kalmückischen Märchen sind zwei Typen zu erkennen. Der erste Typ: Der Held, wie z. B. Bars Mergen Baatur, verwandelt sich in einen rotznasigen Jungen und sein Pferd in ein räudiges Fohlen. Bars Mergen Baatur ist halb Gott, halb Mensch. *I. Laude-Cirtautas* schreibt: »Der Grund der Verwandlung liegt in der Täuschung des Gegners. Es ist eine Kriegslist.« Der Held, der sich in einen rotznasigen Jungen verwandelt, macht sich damit für seine Gegner unsichtbar. Er spielt Knöchel in einer Schar armer Jungen, die genauso aussehen wie er, die genauso verlaust und rotznasig sind wie er. Wer wird schon den Helden in Gestalt des rotznasigen Jungen in der Menge der Kinder Armer bemerken? Der Held ist im buchstäblichen Sinne für seine Gegner unsichtbar. Mit dem ersten Typ des rotznasigen Jungen verbindet *V. Propp* Spuren der Einweihungsrituale.

Zum zweiten Typ der Gestalt des rotznasigen Jungen gehören die jüngsten Mitglieder der Familie, wie z. B. Nuscha-Mu in ›Nuscha-Mu, der rotznasige Junge‹. Nuscha-Mu ist der jüngste Sohn und Bruder. Die geschichtlichen Wurzeln des zweiten Typs sind fest mit dem Zerfall der Ur-Gentilordnung verbunden. Der beginnende gesetzmäßige Übergangsprozeß von der Ur-Gentilordnung zu den frühesten Stufen des Feudalismus führte zum Zerfall der Gesellschaft in Aristokratie und Charatschu (Menschen einfacher Herkunft). Die bei der Gentilordnung existierende Gleichberechtigung aller Mitglieder einer Sippe geriet bei der neuen sozialökonomischen Formation gänzlich in Vergessenheit und wird von der sozialen Ungleichheit abgelöst. Das hatte zur Folge, daß im epischen Volksschaffen ein besonderer Typ des Helden auftauchte – der einfältige Held. Und das ist im Märchen häufig der jüngste Sohn oder der jüngste Bruder, die jüngste Tochter oder die jüngste Schwester. *I. Laude-Cirtautas* schreibt: »Der Begriff ›der jüngste‹ erhält eine soziale Bedeutung und wird zum Synonym des sozial Entrechteten ... ein Prototyp eines armen, verachteten Menschen, den die Reichen und Mächtigen nicht ernst zu nehmen brauchen.«

Ein interessantes Märchenmotiv sind auch die Kinder, die weggeschickt werden, wie zum Beispiel in ›Die Schulmus-Frau Dshidsh-Laram‹. Bei den Kalmücken spielen die matriarchalen Beziehungen eine große Rolle. Man zählte nur die Verwandtschaft mütterlicherseits. Deshalb wurden die Kinder, falls einer der beiden Eltern starb, von einem der Brüder der Mutter, also von einem Onkel erzogen. Somit

konnte die Witwe bzw. der Witwer später noch einmal heiraten und eine neue Familie gründen. Davon, daß bei den Kalmücken die Verwandtschaft mütterlicherseits eine besondere Rolle spielte, zeugen auch viele Sprichwörter, wie: »Der Ursprung des Wassers ist eine Quelle, der Ursprung eines Volkes ist ein Verwandter der Mutter.« Weitere deutliche Spuren des Matriarchats sind in ›Nuscha-Mu, der rotznasige Junge‹, ›Aman Zagan und sein gescheckte Pferd Aschn-Alg‹, ›Das schöne Mädchen und die böse Alte‹ sichtbar. In diesen Märchen suchen sich die Mädchen ihre zukünftigen Ehemänner selbst aus.
Im kalmückischen Märchen findet man auch die Spuren der Exogamie: Bei den Kalmücken war es verboten, Verwandte bis zum siebenten Grad zu heiraten. Die Märchenhelden bringen ihre Frauen aus weit entfernten Ländern mit. In dem Text ›Das Mädchen, das einem Jungen ähnelte‹ bringt der Junge die schöne Ulan aus einem Land mit, das sich hinter zwei Horizonten befindet.
Aus der großen Anzahl kalmückischer Märchen wählte ich die typischsten und die schönsten aus, und ich versuchte, die Besonderheiten in diesen Märchen zu zeigen.
An dieser Stelle möchte ich mich bei allen bedanken, die mir bei der Entstehung dieses Buches geholfen haben. Mein besonderer Dank gilt meinem Ehemann, Dr. Ralf Wille, für seine Unterstützung und große Hilfe.

Berlin, im März 1993 Jelena Dshambinowa

Anmerkungen

Bogdan Kölsh und Budgir Mergen

Bogdan kommt von *Bogdo* (kalm.): der heiligste, der höchste

Choton (kalm.): eine Nomadensiedlung. Besteht aus einigen Jurten, deren Besitzer gemeinsam umherzogen

der schwarze Mus (kalm.): ein Ungeheuer mit menschlichem Körper und mit vielen Köpfen

Sajsang (kalm.): ein Fürst, ein sehr reicher Mann

Die Schulmus-Frau Dshidsh-Laram

Schulmus (kalm.): eine Steppenhexe

... sah nach hinten und weinte, sah dann nach vorn und lachte: eine folkloristische Formel im kalmückischen Märchen

Das Mädchen, das einem Jungen ähnelte

... dann griff es seinen Vater an seinem Zopf ...: in frühen Zeiten trugen die Männer bei den Kalmücken Zöpfe

Arak (kalm.): ein alkoholisches Getränk aus Stutenmilch oder aus Kuhmilch

Arsa (kalm.): zweimal gebrannter Arak

Chorsa (kalm.): dreimal gebrannter Arak

... weideten vier Arten von Vieh: Pferde, Kühe, Schafe, Kamele

... bevor Ihr Eure Frau nicht gefragt habt ...: der Pferdehirt will damit Unheil verhindern

Chürsn-Käse (kalm.): eine Art getrockneter Käse aus Quark

Tschi-bu, bi-bu (kalm.): buchstäblich: Du kommst runter, ich komme runter. Damit zeigten die elf Jungen ihre Verachtung gegenüber den Herrinnen des Hauses

Das schöne Mädchen und die böse Alte

... kauft für mich den jüngsten Sohn des Khans: bedeutet, daß der Vater für seine Tochter um den Sohn des Khans werben sollte

Garuda-Vogel: ein mythischer Vogel aus der indischen Mythologie

... das Deesh essen würde ...: eine Opfergabe für die Götter. Man stellte diese Essen in einer Schale vor dem Hausbuddha hin. Das Essen aßen normalerweise die Kinder später auf, da es Glück bringen sollte

Bars Mergen Baatur

Charata Khan Köbün (kalm.): ein stierköpfiges Ungeheuer aus der Unterwelt

Das Haar kämmen und es zum Zopf flechten: und zwar in Anwesenheit des Gastes bzw. der Gäste, ist bei den Kalmücken die höchste Form der Unhöflichkeit. Eine verheiratete Kalmückin durfte sich nicht mit unbedecktem Kopf dem Gast zeigen. Die Frau des Hauses war verheiratet, was ihre zwei Zöpfe zeigen

Sieben mal sieben sind neunundvierzig ...: eine magische Zahl im kalmückischen Märchen

Siebentausendmal ... achttausendmal ...: eine charakteristische Hyperbel im kalmückischen Heldenmärchen.

Ein heiliges Messer, welches von einem heiligen Mann gemacht worden war

Sie zerhackte sein Bauchhöhlenfett und warf es weg ...: bei den Kalmücken zählte das Bauchhöhlenfett von einem Tier zu den Leckerbissen. Die Tatsache, daß Buhulung das Bauchhöhlenfett des getöteten Mus wegwirft, spricht von totaler Verachtung gegenüber dem Getöteten. Zum Vergleich: In der Folklore vieler Völker ißt der Held die Leber des getöteten Feindes

Tschigän (kalm.): auf besondere Weise zubereitete saure Milch

Dombra (kalm.): ein zweisaitiges Musikinstrument

Dort lief schon der Wettkampf im Bogenschießen ...: Bei dem Brautwerbungskampf waren drei Arten des Wettkampfes vorgesehen: Bogenschießen, Ringen und Pferderennen

Mangus (kalm.): ein Ungeheuer, ähnlich wie ein Mus

Nuscha-Mu, der rotznasige Junge

Nuscha: spricht man aus wie Röschen, Häschen

Budan (kalm.): ein Gericht aus Mehl und Wasser, das nur die Ärmsten aßen

Dsholom (kalm.): eine Grashütte. In einer Dsholom lebten nur ganz arme Menschen

Oon-Sajga (kalm.): eine männliche Sajga-Antilope

Ald (kalm.): ein altes kalm. Längenmaß, ungefähr 2,134 m

Aman Zagan und sein geschecktes Pferd Aschn-Alg

Beim Weiterziehen nahm man die Jurte auseinander

Tögä Büs (kalm.): ein Ungeheuer aus der Unterwelt

Der Schlangenjunge

Riemengitter: Eine Jurte bestand aus einem Riemengitter und aus Filz, dem man das Riemengitter überzog

Sack: In früheren Zeiten benutzten die Kalmücken für Flüssigkeiten wie z. B. Wasser, Milch usw. Ledersäcke

Schiwerlyg (kalm.): ein Stoffbeutel, in dem die verheiratete Kalmückin ihre Zöpfe trug

Orko (kalm.): ein Loch im Dach der Jurte, aus dem der Rauch abzog

Und legten das Mädchen mit dem Bauch auf das Feuer: eine Foltermethode früherer Zeiten

Der blinde Khan

Du verletzt die zehnte Glaubensregel: »Zehn Glaubensregeln« (»Itklin arwn zaasn«) wurden im Jahre 1640 bei einem Treffen der oiratischen Fürsten aufgeschrieben. Die zehnte Glaubensregel bedeutet: Man muß das ganze Leben lang an die ewige Glückseligkeit denken

fünf Arten von Vieh: Kamele, Pferde, Kühe, Schafe und Ziegen

Der Alte und sein Hahn

Erlik (kalm.): der Herrscher der Unterwelt

Die Katze, der Hund und der Zauberstein

Nojon (kalm.): ein Fürst, reicher Mann

zu Burchan beten – Burchan (kalm.): Gott

Quellenverzeichnis

Bogdan Kölsh und Budgir Mergen
Im Buch: ›Chalmg tuuls‹, Elst 1974, Band IV. Das Märchen habe ich umbenannt. Titel im Original: *Ach-dü chojr*

Die Schulmus-Frau Dshidsh Laram
Ebenda. Titel im Original: *Dshidsh-Laram schulm küükn*

Das Mädchen, das einem Jungen ähnelte
Im Buch: ›Chalmg tuuls‹, Elst 1961, Band I. Titel im Original: *Köwün bäädltä küükn*

Das Mädchen und seine böse Stiefmutter
Im Buch: ›Chalmg tuuls‹, Elst 1974, Band IV. Das Märchen habe ich umbenannt. Titel im Original: *Muucha Säächä chojr*

Das schöne Mädchen und die böse Alte
Im Buch: ›Chalmg tuuls‹, Elst 1961, Band I. Das Märchen habe ich umbenannt. Titel im Original: *Towgn öwgn*

Bars Mergen Baatur
Ebenda. Titel im Original: *Bars Mergen baatr*

Nuscha-Mu, der rotznasige Junge
Im Buch: ›Chalmg tuuls‹, Elst 1961, Band I. Titel im Original: *Nuscha-mu*

Aman Zagan und sein gescheckte Pferd Aschn-Alg
Ebenda. Titel im Original: *Aschn Algta zoochr mörtä Amn Zagan*

Der Schlangenjunge
Ebenda. Titel im Original: *Moha köwün*

Der blinde Khan
Im Buch: ›Chalmg tuuls‹, Elst 1968, Band II. Titel im Original: *Sochr chan*

Der kluge Alte und der dumme Reiche
Im Buch ›Chalmg tuuls‹, Elst 1961, Band I. Das Märchen habe ich umbenannt. Titel im Original: *Tawn to sachlta, neg to öwgn*

Die Elster und ihre Freunde
Ebenda. Das Märchen habe ich umbenannt. Titel im Original: *Schaascha sän nääshtä emgn öwgn chojr*

Der Alte und sein Hahn
Ebenda. Das Märchen habe ich umbenannt. Titel im Original: *Er küükn chojr takata emgn öwgn chojr*
Die Katze, der Hund und der Zauberstein
Ebenda. Titel im Original: *Mis nocha chojr*
Zwei Mäusebrüder
Ebenda. Titel im Original: *Ach-dü chulhn chojr*
Als Frosch und Ameise Freunde waren
Ebenda. Das Märchen habe ich umbenannt. Titel im Original: *Meklä schorhlshn chojr*
Elefant und Wolf
Ebenda. Titel im Original: *San tschon chojr*
Kormoran, Fuchs und Zieselmaus
Ebenda. Titel im Original: *Baklg, arat, surmn hurwn*
Warum die Eulen keine Nasenlöcher haben
Ebenda. Titel im Original: *Hurwlhin chamrt nükn uga boldg utschrn*

Verwendete Literatur in Auswahl

Badmaev, A.: Kalmyzkaja dorevoljuzionnaja literatura, Elista 1984

Džimgirov, M.: O kalmyzkich narodnych skazkach, Elista 1970

Erdniev, U.: Kalmyki, Elista 1970

Gumilev, L.: Staroburjatskaja živopis', Moskwa 1973

Heissig, W.: Mongolische Märchen, Köln 1986

Kičikov, A.: Velikij džangarči Eeljan Owla, Elista 1967

Laude-Cirtautas, I.: Der Held in der Gestalt des armseligen Jungen. Asiat. Fschg. Bd. 72, Wiesbaden 1981

Meletinskij, E.: Geroj volšebnoj skazi, Moskwa 1958

Očerki Kalmyzkoj ASSR, Moskwa 1967

Propp, V.: Die geschichtlichen Wurzeln des Zaubermärchens, München, Wien 1987

Raschid-ad-din: Sbornik letopisej, kn. I, T. I, Moskwa, Leningrad 1952

Sedklin kür, Elista 1967

Sokrovennoje skasanije mongolov, Elista 1990

Volšebnyj mertvez. Sbornik mongolo-oiratskich skazok. Übers. v. Vladimirzov, B., Petersburg, Moskwa 1934

DIE REGEL DES HL. BENEDIKT

Herausgegeben im Auftrag der Salzburger Äbtekonferenz

BEURONER KUNSTVERLAG

9. Auflage der Neubearbeitung 59. – 61. Tausend

Herstellung: Beuroner Kunstverlag, D-88631 Beuron
ISBN 3-87071-060-8